技工院校"十四五"规划计算机广告制作专业系列教材
中等职业技术学校"十四五"规划艺术设计专业系列教材

广告策划与创意

孙广平　许小欣　何莲娣　劳小芙　主编

阳彤　祁飞鹤　副主编

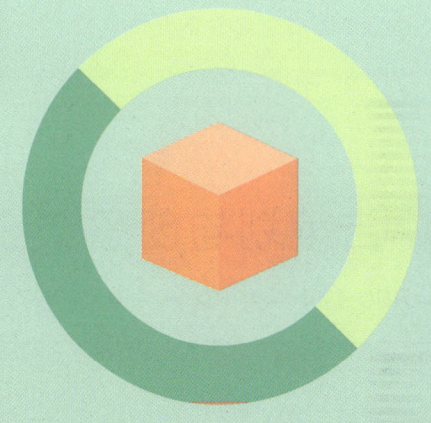

华中科技大学出版社
http://www.hustp.com
中国·武汉

内容提要

本教材能重点培养学生的创意创新精神，以及独立思考、团队协作的能力，理实一体，以教材引领教学和指导教学。本教材共分为五个项目，项目一介绍了广告策划的基础知识，项目二全面讲解了广告调研的方法和实施过程，项目三结合实例讲解了广告媒体策划的相关知识，项目四完整讲解了广告创意的基础知识以及广告创意的构思、表现、执行等，项目五介绍了不同广告媒体的设计创意。

图书在版编目（CIP）数据

广告策划与创意 / 孙广平等主编 . — 武汉：华中科技大学出版社，2022.1（2025.7 重印）
ISBN 978-7-5680-7823-8

Ⅰ . ①广… Ⅱ . ①孙… Ⅲ . ①广告学 Ⅳ . ① F713.81

中国版本图书馆 CIP 数据核字 (2021) 第 280821 号

广告策划与创意

Ganggao Cehua yu Chuangyi

孙广平　许小欣　何莲娣　劳小芙　主编

策划编辑：金　紫

责任编辑：曹　霞

装帧设计：金　金

责任监印：朱　玢

出版发行：华中科技大学出版社（中国·武汉）　　电　　话：（027）81321913
　　　　　武汉市东湖新技术开发区华工科技园　　邮　　编：430223

录　　排：天津清格印象文化传播有限公司

印　　刷：武汉科源印刷设计有限公司

开　　本：889mm×1194mm　1/16

印　　张：8.5

字　　数：282 千字

版　　次：2025 年 7 月第 1 版第 2 次印刷

定　　价：49.80 元

技工院校"十四五"规划计算机广告制作专业系列教材
中等职业技术学校"十四五"规划艺术设计专业系列教材
编写委员会名单

● 编写委员会主任委员

文健（广州城建职业学院科研副院长）　　　　　　　宋雄（广州市工贸技师学院文化创意产业系副主任）

叶晓燕（广东省交通城建技师学院艺术设计系主任）　张倩梅（广东省交通城建技师学院艺术设计系副主任）

周红霞（广州市工贸技师学院文化创意产业系主任）　吴锐（广州市工贸技师学院文化创意产业系广告设计教研组组长）

黄计惠（广东省轻工业技师学院工业设计系教学科长）汪志科（佛山市拓维室内设计有限公司总经理）

罗菊平（佛山市技师学院应用设计系副主任）　　　　林姿含（广东省服装设计师协会副会长）

● 编委会委员

陈杰明、梁艳丹、苏惠慈、单芷颖、曾铮、陈志敏、吴晓鸿、吴佳鸿、吴锐、尹志芳、陈思彤、曾洁、刘毅艳、杨力、曹雪、高月斌、陈矗、高飞、苏俊毅、何淦、欧阳敏琪、张琮、冯玉梅、黄燕瑜、范婕、杜聪聪、刘新文、陈斯梅、邓卉、卢绍魁、吴婧琳、钟锡玲、许丽娜、黄华兰、刘筠烨、李志英、许小欣、吴念姿、陈杨、曾琦、陈珊、陈燕燕、陈媛、杜振嘉、梁露茜、何莲娣、李谋超、刘国孟、刘芊宇、罗泽波、苏捷、谭桑、徐红英、阳彤、杨殿、余晓敏、刁楚舒、鲁敬平、汤虹蓉、杨嘉慧、李鹏飞、邱悦、冀俊杰、苏学涛、陈志宏、杜丽娟、阳丽艳、黄家岭、冯志瑜、丛章永、张婷、劳小芙、邓梓艺、龚芷玥、林国慧、潘启丽、李丽雯、赵奕民、吴勇、刘殷君、陈玥冰、赖正媛、王鸿书、朱妮迈、谢奇肯、杨晓玲、吴滨、胡文凯、刘灵波、廖莉雅、李佑广、曹青华、陈翠筠、陈细佳、代蕙宁、古燕苹、胡年金、荆杰、李津真、梁泉、吴建敏、徐芳、张秀婷、周琼玉、张晶晶、李春梅、高慧兰、陈婕、蔡文静、付盼盼、谭珈奇、熊洁、陈思敏、陈翠锦、李桂芳、石秀萍、周敏慧、邓兴兴、王云、彭伟柱、马殷睿、汪恭海、李竞昌、罗嘉劲、姚峰、余燕妮、何蔚琪、郭咏、马晓辉、关仕杰、杜清华、祁飞鹤、赵健、潘泳贤、林卓妍、李玲、赖柳燕、杨俊龙、朱江、刘珊、吕春兰、张焱、甘明坤、简为轩、陈智盖、陈佳宜、陈义春、孔百花、何旭、刘智志、孙广平、王婧、姚歆明、沈丽莉、施晓凤、王欣苗、陈洁冬、黄爱莲、郑雁、罗丽芬、孙铁汉、郭鑫、钟春琛、周雅靓、谢元芝、羊晓慧、邓雅升、阮燕妹、皮添翼、麦健民、姜兵、童莹、黄汝杰、薛晓旭、陈聪、邝耀明

● 总主编

文健，教授，高级工艺美术师，国家一级建筑装饰设计师。全国优秀教师，2008 年、2009 年和 2010 年连续三年获评广东省技术能手。2015 年被广东省人力资源和社会保障厅认定为首批广东省室内设计技能大师，2019 年被广东省教育厅认定为建筑装饰设计技能大师。中山大学客座教授，华南理工大学客座教授，广州大学建筑设计研究院室内设计研究中心客座教授。出版艺术设计类专业教材 120 种，拥有具有自主知识产权的专利技术 130 项。主持省级品牌专业建设、省级实训基地建设、省级教学团队建设 3 项。主持 100 余项室内设计项目的设计、预算和施工，项目涉及高端住宅空间、办公空间、餐饮空间、酒店、娱乐会所、教育培训机构等，获得国家级和省级室内设计一等奖 5 项。

● 合作编写单位

（1）合作编写院校

广州市工贸技师学院	广州市蓝天高级技工学校
佛山市技师学院	茂名市交通高级技工学校
广东省交通城建技师学院	广州城建技工学校
广东省轻工业技师学院	清远市技师学院
广州市轻工技师学院	梅州市技师学院
广州白云工商技师学院	茂名市高级技工学校
广州市公用事业技师学院	汕头技师学院
山东技师学院	广东省电子信息高级技工学校
江苏省常州技师学院	东莞实验技工学校
广东省技师学院	珠海市技师学院
台山敬修职业技术学校	广东省机械技师学院
广东省国防科技技师学院	广东省工商高级技工学校
广州华立学院	深圳市携创高级技工学校
广东省华立技师学院	广东江南理工高级技工学校
广东花城工商高级技工学校	广东羊城技工学校
广东岭南现代技师学院	广州市从化区高级技工学校
广东省岭南工商第一技师学院	肇庆市商业技工学校
阳江市第一职业技术学校	广州造船厂技工学校
阳江技师学院	海南省技师学院
广东省粤东技师学院	贵州省电子信息技师学院
惠州市技师学院	广东省民政职业技术学校
中山市技师学院	广州市交通技师学院
东莞市技师学院	广东机电职业技术学院
江门市新会技师学院	中山市工贸技工学校
台山市技工学校	河源职业技术学院
肇庆市技师学院	
河源技师学院	

（2）合作编写组织

广州市赢彩彩印有限公司

广州市壹管念广告有限公司

广州市璐鸣展览策划有限责任公司

广州波错展览设计有限公司

广州市风雅颂广告有限公司

广州质本建筑工程有限公司

广东艺博教育现代化研究院

广州正雅装饰设计有限公司

广州唐寅装饰设计工程有限公司

广东建安居集团有限公司

广东岸芷汀兰装饰工程有限公司

广州市金洋广告有限公司

深圳市千千广告有限公司

广东飞墨文化传播有限公司

北京迪生数字娱乐科技股份有限公司

广州易动文化传播有限公司

广州市云图动漫设计有限公司

广东原创动力文化传播有限公司

菲逊服装技术研究院

广州珈钰服装设计有限公司

佛山市印艺广告有限公司

广州道恩广告摄影有限公司

佛山市正和凯歌品牌设计有限公司

广州泽西摄影有限公司

Master 广州市熳大师艺术摄影有限公司

序 言

技工教育和中职中专教育是中国职业技术教育的重要组成部分，主要承担培养高技能产业工人和技术工人的任务。随着"中国制造2025"战略的逐步实施，建设一支高素质的技能人才队伍是实现规划目标的必备条件。如今，国家对职业教育越来越重视，技工和中职中专院校的办学水平已经得到很大的提高，进一步提高技工和中职中专院校的教育、教学和实训水平，提升学生的职业技能，弘扬和培育工匠精神，已成为技工院校和中职中专院校的共同目标。而高水平专业教材建设无疑是技工院校和中职中专院校教育特色发展的重要抓手。

本套规划教材以国家职业标准为依据，以综合职业能力培养为目标，以典型工作任务为载体，以学生为中心，根据典型工作任务和工作过程设计教学项目和学习任务。同时，按照工作过程和学生自主学习的要求进行内容设计，实现理论教学与实践教学合一、能力培养与工作岗位对接合一、实习实训与顶岗工作合一。

本套规划教材的特色在于，在编写体例上与技工院校倡导的"教学设计项目化、任务化，课程设计教、学、做一体化，工作任务典型化，知识和技能要求具体化"紧密结合，体现任务引领实践的课程设计思想，以典型工作任务和职业活动为主线设计教材结构，以职业能力培养为核心，将理论教学与技能操作相融合作为课程设计的抓手。本套规划教材在理论讲解环节做到简洁实用、深入浅出；在实践操作训练环节体现以学生为主体的特点，创设工作情境，强化教学互动，让实训的方式、方法和步骤清晰，可操作性强，并能激发学生的学习兴趣，促进学生主动学习。

本套规划教材由全国50余所技工院校和中职中专院校广告设计专业共60余名一线骨干教师与20余家广告设计公司一线广告设计师联合编写。校企双方的编写团队紧密合作，取长补短，建言献策，让本套规划教材更加贴近专业岗位的技能需求，也让本套规划教材的质量得到了充分的保证。衷心希望本套规划教材能够为我国职业教育的改革与发展贡献力量。

技工院校"十四五"规划计算机广告制作专业系列教材
中等职业技术学校"十四五"规划艺术设计专业系列教材

总主编

教授 / 高级技师 **文健**

2021年5月

前　言

当前，我国社会经济发展迅速，已全面迈入小康社会，物质产品琳琅满目，面对竞争，许多企业越来越注重企业形象和品牌战略，因此，广告设计在各行各业中被广泛应用。作为一门独立学科，越来越多的职业院校和技工院校开设了广告设计专业，广告策划与创意已经成了广告设计专业的核心课程。

在以流媒体和自媒体为主的信息传播时代，人们每天都在接受大量的广告信息，若想削弱让读者被动接受广告的无奈感，广告设计从业人员必须要对广告进行精心策划。这就要求广告设计从业人员及时使用新科技，灵活运用新的传播媒介，设计出精美、引人入胜的广告作品。因此，广告策划与创意是一门需要系统学习理论知识的课程，也是一项极富创造性的复杂脑力劳动。

本教材依据广告市场对人才的普遍需求，结合职业教育的教学理念进行编写，在编写体例上与技工院校倡导的"教学设计项目化、任务化，课程设计教、学、做一体化，工作任务典型化，知识和技能要求具体化"紧密结合。任务内容和任务过程清晰明了，文字通俗易懂，图文并茂。针对技工院校学生特点编制的案例和任务形式，让学生更容易学习和实训。本教材系统地介绍了广告策划、广告调研、广告媒体、广告创意策划以及不同广告媒体的设计创意等知识，并通过讲解广告策划书的撰写、广告调研报告的撰写、广告创意设计流程和具体操作步骤，提高学生的创作和实践能力。

本教材共有五个项目，分别由江苏省常州技师学院孙广平老师、阳江技师学院的许小欣老师、广东省轻工业技师学院的何莲娣老师、广东省交通城建技师学院的劳小芙老师、广东省轻工业技师学院的阳彤老师，以及中山市技师学院的祁飞鹤老师共同编写。由于编者教学经验及专业能力有限，本教材可能存在一些不足之处，敬请读者批评指正。

孙广平

2021 年 9 月

课时安排（建议课时 72）

项目	课程内容	课时	
项目一 广告策划概述	学习任务一　广告策划的概念	4	12
	学习任务二　广告策划的特征、原则、内容与程序	4	
	学习任务三　广告策划书的撰写	4	
项目二 广告调研技能实训	学习任务一　广告调研的概念和内容	4	12
	学习任务二　广告调研方法和实施过程	4	
	学习任务三　广告调研报告的撰写	4	
项目三 广告媒体策划 技能实训	学习任务一　广告媒体概述	4	16
	学习任务二　广告媒体的类型、特征	4	
	学习任务三　广告媒体评估	4	
	学习任务四　广告媒体组合	4	
项目四 广告创意技能实训	学习任务一　广告创意概述	4	16
	学习任务二　广告创意构思	4	
	学习任务三　广告创意表现	4	
	学习任务四　广告创意执行	4	
项目五 不同广告媒体的设计 创意技能实训	学习任务一　平面印刷类广告媒体的设计创意	4	16
	学习任务二　网络数字广告媒体的设计创意	8	
	学习任务三　户外广告媒体的设计创意	4	

目 录

项目一
广告策划概述

学习任务一

广告策划的概念

教学目标

（1）专业能力：了解广告和广告策划的基本概念，掌握广告的基础理论。

（2）社会能力：能关注日常生活中广告策划案例的应用，收集各种类型的广告策划案例，运用所学知识分析广告策划案例的创意应用。

（3）方法能力：能提高资料的收集与整理能力，广告策划设计案例的分析与应用能力。

学习目标

（1）知识目标：理解广告策划的基本概念。

（2）技能目标：能够从优秀的广告策划作品中归纳出广告策划的特点。

（3）素质目标：提高艺术审美能力和艺术创意能力。

教学建议

1. 教师活动

（1）教师展示前期收集的大量广告创意作品，提高学生对广告策划的直观认识，并鼓励学生对所学内容进行概括和总结。

（2）教师通过分析与讲解优秀广告策划案例创意海报，将广告设计师的职业道德融入课堂教学，引导学生理解广告策划的概念，发掘广告策划案例中的设计思路。

2. 学生活动

（1）学生在老师的指导下分组学习、探讨广告策划的基本概念。

（2）分组选取优秀的广告策划案例进行分析，提高审美能力和表达能力。

（3）通过分析广告策划案例，提高学生学以致用的能力，使其学会分析案例创意的特点及方法。

一、学习问题导入

同学们,大家好!本节课我们一起来学习广告策划的基本概念。大家先观察图 1-1 和图 1-2 中的广告,它们分别为北宋时期济南刘家功夫针铺的广告和 20 世纪 30 年代的广告,再思考广告策划作品有哪些特点和表现方式。

图 1-1　北宋时期济南刘家功夫针铺广告　　　　图 1-2　20 世纪 30 年代的广告

二、学习任务讲解

在讲解广告策划的概念之前,我们先来了解广告的起源与演变。"广告"一词是由英文单词"advertising"翻译而来的,该英文单词又源于拉丁单词"adverture",其本义为"引人注意",带有通知、诱导、披露的意思。这个拉丁单词后来演变为 advertise,其含义也引申为使某人注意某事或通知别人某件事情,以引起他人注意。17 世纪中后期,随着英国商业活动的大规模开展,"广告"一词得以流行,原来带有静止意味的名词"advertise"被人们赋予了现代意义,转化为具有活动色彩的词汇"advertising"。广告也不再是单指某一个广告,而更多的是指一系列广告活动。也有人指出,"advertising"这个词源于法语,意思为通知或报告。无论怎样,"广告" 一词作为当代社会的一个基本概念和社会现象被确定下来,并被广泛地运用于社会生活之中。我国古代汉语中没有"广告"一词,《康熙字典》《说文解字》《辞源》中也没有"广告"的收录和解释。这个词是 20 世纪 20 年代左右经翻译后才引入我国的。因此,"广告"一词是个地地道道的外来词。

广告策划在广告活动中占有极其重要的地位,要想取得广告活动的成功,必须经过精心的策划。广告策划的目的在于统筹企业的广告活动、宣传企业的产品、树立产品的品牌形象,并控制广告费用,提高广告效益,最后以消费者购买产品为终极目标。此外,广告策划还为企业提供信息咨询服务,为企业的生产和新产品开发提供建议。它有利于改善企业的经营管理,提高企业的竞争力。

从 20 世纪 50 年代开始,西欧、北美国家经济蓬勃发展,产品极为丰富。在供过于求的形势下,企业市场观念出现了革命性突破,"企业必须为适合消费者需要而生产,并通过满足消费者需求获得利益"的学说被广泛接受。企业开始借助有关学者、调研人员及广告公司进行广泛的市场调研,特别是对消费者行为和动机的调研,广告策划也就在此基础上产生。"策划"一词来自英语单词"campaign",通常译为战役、运动、竞选、参加运动,引申为针对特定目标所做的有计划、有步骤的一系列活动。

广告策划的概念可以表述如下:它是以消费者消费动机和消费行为的调研为起点,并在此基础上制订广告计划和广告策略的过程。

(1)广告策划是一种现代广告的思想、观念和哲学,是消费者观念的一种表现。要保证广告活动成功,其计划者既要充分考虑企业目的和营销目标的要求,又要充分了解和研究消费者的需要、动机和行为,并在此基础上全面筹划广告的目标、创意策略、媒介策略，以及广告的推出和效果测定等工作。消费者导向不仅对营销至关重要，对现代广告活动也同样重要。

（2）广告策划本质上是一种运用脑力的理性行为，包括在调研基础上进行的广告计划和决策工作。这是一系列的脑力工作，是集思广益的复杂的脑力劳动。

（3）广告策划是一种程序，是关于广告活动的一幅蓝图，它能保证广告活动的一切必要的决策都是经过合理、有效的安排而形成的。在前一步尚未决策时，下一步的行动是不能进行的。

（4）广告策划是针对未来要发生的事情做当前的决策，即广告策划的出发点是现在，落脚点是未来。古语说："先谋后事者昌，先事后谋者亡。"只顾眼前利益而无视长远利益的企业，对广告活动随想随做，根本没有策划可言。

欣赏如图 1-3 和图 1-4 所示的优秀的广告策划作品，学习其策划方法。

图 1-3　保护野生动物公益广告

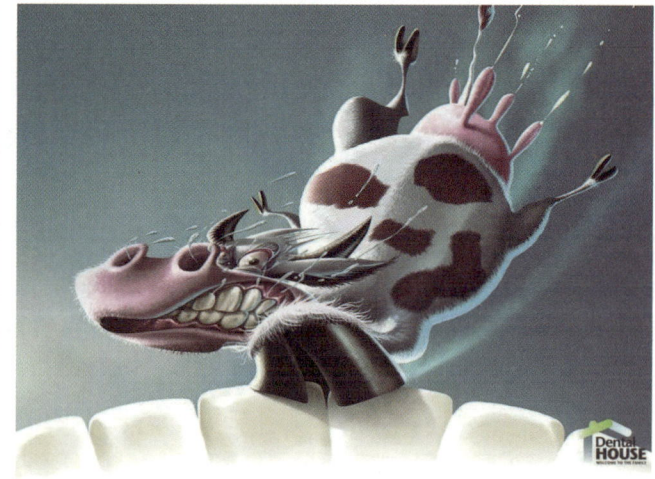

图 1-4　牙线广告

三、学习任务小结

　　通过本节课的学习，同学们已经了解了广告的起源及演变，并初步掌握了广告策划的基本概念。通过欣赏优秀的广告策划作品，同学们对广告策划、广告创意作品也有了进一步的认识。课后，大家要多对优秀广告策划案例进行赏析，提高个人的创意思维能力。

四、课后作业

　　（1）分析 3 个优秀广告策划案例，以 PPT 的形式提交分析报告。
　　（2）引入广告策划观念的现实意义是什么？

广告策划的特征、原则、内容与程序

教学目标

（1）专业能力：具备广告策划的理论基础以及设计理论的学习能力。

（2）社会能力：提高广告策划能力和水平，熟悉广告策划的基本特征和原则。

（3）方法能力：在教学组织中让学生认识到理论学习的严肃性，端正学习态度，养成良好的学习习惯，提高学生的综合实践能力。

学习目标

（1）知识目标：掌握广告策划的特征、原则、内容与程序。

（2）技能目标：具备一定的广告策划与创意能力。

（3）素质目标：提高广告策划的创意能力。

教学建议

1. 教师活动

（1）教师课堂展示优秀的广告策划设计作品，要求学生深入了解优秀广告策划作品产生的背景和条件，在全面分析和归纳其画面表现、内容特点的基础上，总结规律，借鉴经验。

（2）通过优秀的广告策划设计案例展示，让学生掌握广告策划的特征，强化与学生之间的互动，细致讲解广告策划的原则、内容与程序。

2. 学生活动

（1）通过分组讨论，加强学生对广告策划作品的分析和理解，明确广告策划是整个广告活动中的核心和灵魂，一切广告活动都要围绕广告策划进行。

（2）课后查阅优秀广告策划设计案例，为广告创意设计提供资源储备，为撰写优秀的广告策划书打下基础。

一、学习问题导入

上节课我们学习了广告策划的概念，但要想撰写出优秀的广告策划书，还需要对广告策划的特征、原则、内容与程序进行深入了解。在日常生活中，我们见到很多优秀的广告设计创意作品，其背后都离不开一份有创意的广告策划书。请同学们观察图1-5和图1-6所示广告策划，思考广告策划的特征、原则、内容与程序。

图1-5　鱼店创意广告

图1-6　口袋读物创意广告

二、学习任务讲解

1. 广告策划的特征

广告策划是广告经营单位受广告主的委托，为实现广告促销目标，对企业广告传播活动的战略和策略进行的整体运筹规划的活动。广告策划一般有两种：一种是单独性的，即为一个或几个单一性的广告进行策划；另一种是系统性的，即为规模较大的、一连串的、为达到同一目标所做的各种不同的广告组合而进行的策划。广告策划作为一个动态的系统过程，具有如下特征。

（1）明确的目的性。

广告策划是广告活动的先导，整个策划活动都围绕着广告目标的实现来展开。同时为了保证广告目标的顺利实现，需要在广告策划中把整个广告活动的各个部分统一协调起来，用明确的目的指导各个部分的具体活动。如图1-7所示的抽油烟机创意广告即可让受众第一时间感受到该抽油烟机的有效性。

图1-7　抽油烟机创意广告

（2）鲜明的整体性。

广告策划是一项超前的广告指导活动，是对全部广告运作的统筹规划。它从市场调查开始着手，根据市场调查的结果分析市场营销需求、竞争对手情况和目标消费者的消费心理，从而确定广告目标，制定广告主题，完成全局性的设想与活动规划，并对全部活动的各个部分的具体运作过程进行协调与指导。

（3）很强的预见性。

广告策划是从市场经济规律下的市场营销实际出发，运用广告学的科学原理，经过集思广益后制定出的切合实际的广告计划。因此，在进行广告策划时，应对广告活动中可能碰到的问题和困难事先做出充分估计，并提出相应的解决办法，以确保广告活动的顺利完成。

在广告策划中，运用战略眼光从客观上预测和把握广告目标的实现，商品品牌对市场占领后的市场巩固与品牌知名度的提高等，会使企业的整个广告活动在一种"知己知彼，百战不殆"的状态下步入高峰，收到意想不到的效果。

（4）变化的动态性。

随着国民经济的不断增长和人民生活水平、消费水平的不断提高，消费者对产品的要求也在不断变化，广告策划活动要根据这一不断变化的形式，审时度势，调整广告战略，以适应不断变化的市场需求，力争巩固策划品牌所占领的营销市场，并不断扩大、提升品牌知名度。

2. 广告策划的原则

广告策划是一项有着特殊规律的系统工程，也是一种创造性的思维活动。尽管企业的经营模式、策略等各有不同，每次广告活动的任务和要求千变万化，但广告策划有其自身的规律，进行广告策划时必须遵循以下原则。

（1）服务性原则。

广告策划源于营销策划。企业营销策划是指企业为适应和满足消费者需求，对产品开发、定价、促销、将产品送达消费者以及将消费者的意见反馈回企业等活动所进行的运筹规划。企业想在市场中找到自己的位置，确定企业目标，需要通过企业的营销活动来实现。

（2）目的性原则。

广告目标制定时可从营销目标和传播目标两个层面来考虑。广告目标是为营销目标服务的，最终是为了促进销售。制定广告目标不仅要了解销售额的提高来自哪一种购买行为，广告主期待通过促进、强化或改变目标消费者的哪种购买行为来提高销售额，还要搞清通过引起目标受众的何种反应，才能导致这种行为。如图1-8所示的刀具创意广告即体现了广告的目的性原则。

图1-8 刀具创意广告

一定阶段的广告运作和活动只能实现特定的一两个目标。因此，广告策划必须明确活动的主要目标，为达到主要目标而采取相应的战略战术，进行合理的资源配置，避免无的放矢，造成人力、物力、财力和时间等的浪费。

（3）系统性原则。

广告策划的系统性原则是指把广告策划作为营销策划的一部分来考察，保持广告策划与营销策划的整体一致性。同时，广告策划也应作为一个运行系统来考察，以保持广告策划活动的整体一致性。强调广告策划活动的系统性，就是坚持广告策划的统一性原则，从系统的整体与部分之间相互依赖、相互制约的关系中，找到系统的特征和运动规律，以实现广告策划的最优化。

（4）效益性原则。

广告活动是一种经济活动，因而必须讲求效益。效益性原则是广告策划必须遵循的重要原则。广告人在力求提高广告的经济效益时，不可偏废其社会效益。

（5）可操作性原则。

广告策划的最终目的是要在实际的运用过程中进行操作，因此，广告策划必须遵循可操作和可灵活运用的原则。策划出来的每一个环节、每一个步骤、每一个方法都可以实际操作，即"拿出来就能用"。

3. 广告策划的内容

广告策划的内容主要有广告市场调查、产品认识与定位、市场认识与细分、广告战略的策划、广告媒体渠道策划、广告推进程序策划和广告效果评估这 7 项内容。

（1）广告市场调查。

广告市场调查是广告策划与创意的基础，也是广告策划的第一步。广告市场调查以商品营销活动为中心展开，围绕市场供求关系进行。广告市场调查的主要内容包括广告环境调查、广告主企业经营情况调查、产品情况调查、市场竞争性调查及消费者调查。通过深入细致的调查，了解市场信息，把握市场动态，研究消费者的需求方向和心理嗜好，了解广告主及其产品在人们心目中的实际地位和形象，收集大量的、第一手的信息资料。

（2）产品认识与定位。

广告策划的一个重要目标是确立广告产品在人们心目中适当的、不可替代的位置，从而区别于其他同类产品，给消费者留下值得购买的印象。因此，在了解了组织或企业及其产品在社会上的实际形象后，要继续深入研究和分析企业及其产品的各类特征。如产品的特点、产品的文化价值、产品的识别标志等，并以此进行产品认识和定位，为广告策划与创意指明方向。如图 1-9 所示是农夫山泉的广告，着重体现了农夫山泉来自大自然的产品特点。

图 1-9　农夫山泉广告

（3）市场认识与细分。

广告与市场紧密相连，广告需要市场为其提供载体，而市场也需要运用广告去开拓和发展。因此，对市场的深入认识和细分是广告策划的一项重要内容。对市场的认识与细分，可以帮助我们稳定主要市场，拓展周边市场，抢占空白市场，避开竞争激烈的市场，使每一分钱的广告投入都获得最大限度的利用。

（4）广告战略的策划。

广告战略从宏观上规范和指导着广告活动的各个环节，包括以下 4 个方面的内容。

①广告战略思想是积极进取，还是高效集中；是长期渗透，还是稳健持重。不同的战略思想会对广告战略起不同的作用。

②广告战略目标根据产品销售战略确定，广告战略目标决定做什么广告，达到什么目的。

③广告战略设计即确定广告战略方案，可以从市场、内容、时间、空间、优势、消费者心理、传播范围、媒体渠道、进攻性等方面进行多角度设计。

④广告经费预算一般应根据营销情况、广告目标、竞争对手等因素进行合理的预算分配。

某牛仔裤创意广告如图 1-10 所示。

图 1-10　牛仔裤创意广告

（5）广告媒体渠道策划。

广告媒体渠道策划是广告策划的重要内容，对广告宣传的成败有重要的影响。选择广告媒体应充分考虑媒体的性质、特点、地位、作用、媒体的传播数量和质量、受众对媒体的态度、媒体的传播对象及媒体的传播费用等因素，还应根据广告目标、广告对象、广告预算等进行综合分析与权衡。

（6）广告推进程序策划。

广告推进程序策划主要包括后期的广告表现和广告的实施与发布。它们是影响消费者产生购买行为的关键所在，也是广告策略的具体运用。广告实施主要包括广告市场策略、广告促销策略和广告心理策略。广告发布主要包括发布时机策略和发布频率策略。

（7）广告效果评估。

广告效果评估是广告策划的最后环节和内容，也是广告主最关心的部分。通过评估可以判定广告活动的传播效果，为下次广告策划提供参考依据。

某降噪耳机创意广告如图 1-11 所示。

图 1-11　降噪耳机创意广告

4. 广告策划的程序

广告策划是一项复杂的系统工程，必须遵照一定的步骤和程序进行。

（1）成立广告策划小组，成员包括业务主管、策划人员、广告文案撰写员、广告设计人员、市场调查人员、媒体联络人员、公共关系人员等。其中，业务主管、策划人员和广告设计人员是广告策划小组的中坚力量。

（2）制定工作时间表，以保证广告策划的各个步骤能够在规定的时间内完成。

（3）向有关部门下达任务，包括向市场调查部门下达市场调查和资料收集的任务，向媒介部门下达提供最新媒介资料的任务等。

（4）广告策划小组进行分析性研讨，这一阶段的工作包括广告策划的市场分析阶段的全部内容。

（5）广告策划小组进行战略决策性研讨，这一阶段的工作包括广告策划的战略规划阶段的全部内容。

（6）广告策划小组进行战术性研讨，以确定具体的广告实施计划。

（7）撰写广告策划书，包括将广告策划的内容以广告文本的形式表达出来，并且对策划结果进行检验、对策划书文本进行修改等。

（8）将广告策划书提交客户审核，同时对重点问题进行必要的解释和说明，听取客户意见，与客户就广告策划的内容和结果达成一致。

（9）将广告计划交付实施，包括组织广告作品的设计、制作和发布，并且对广告活动的效果进行必要的预测和监控。

三、学习任务小结

通过本节课的学习，同学们已经基本掌握了广告策划的特征、原则、内容与程序，大家可以在商场、专卖店等场所收集优秀的广告策划设计作品进行鉴赏分析，作为撰写广告策划方案以及创意广告设计的资源储备。

四、课后作业

在商场、专卖店等场所收集 3～5 个优秀的广告策划设计作品，分析其特征、原则、内容与程序，并以 PPT 的形式进行汇报。

学习任务 三　广告策划书的撰写

教学目标

（1）专业能力：了解广告策划书的撰写方法和技巧。

（2）社会能力：掌握一定的写作能力和语言表达能力。

（3）方法能力：具备广告策划书和文案写作的能力。

学习目标

（1）知识目标：掌握广告策划书撰写的方法和流程。

（2）技能目标：能结合具体的要求撰写广告策划书。

（3）素质目标：培养学生的文案撰写能力和语言组织能力。

教学建议

1. 教师活动

教师讲解撰写广告策划书的流程和方法，提高学生对广告策划书的认识。

2. 学生活动

认真听教师讲解撰写广告策划书的流程和方法，在教师的指导下进行广告策划书撰写训练。

一、 学习问题导入

各位同学，大家好！本节课我们一起来学习广告策划书的撰写。一个优秀的广告设计作品离不开一份优秀的广告策划书，通过广告策划书，观众可以了解广告作品深层次的内涵和隐喻，提升广告作品的内在魅力。请同学们观察图 1-12 和 1-13 所示广告，思考这两则广告的策划书可能是怎样的。

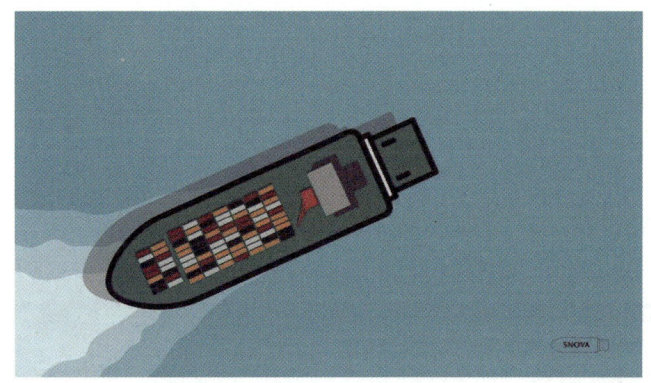
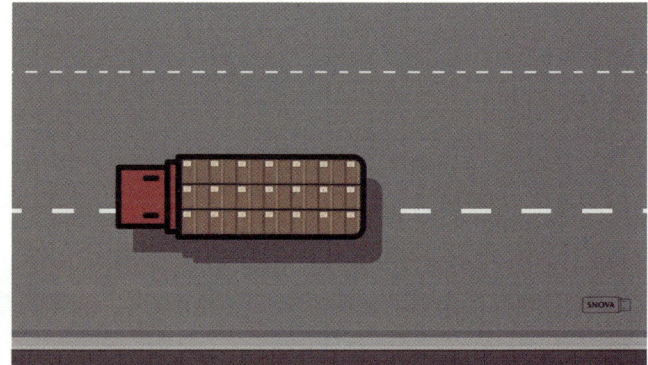

图 1-12　U 盘创意广告

图 1-13　冰激凌创意广告

二、学习任务讲解

（一）广告策划书的模式

1. 封面

一份完整的广告策划书文本应该包括一个设计精美、要素齐备的封面，给阅读者以良好的第一印象。

2. 广告策划小组名单

在策划文本中提供广告策划小组名单，可以向广告主展示广告策划运作的规范性，也可以表达对策划结果负责任的态度。

3. 目录

在广告策划书目录中，应该列举广告策划书各个部分的标题，必要时还应该将各个部分的联系以简明的图表体现出来。这样一方面可以使策划文本显得正式、规范，另一方面也方便阅读者根据目录快速、便捷地找到想要阅读的内容。

4. 前言

在前言中，应该概述广告策划的目的、进行过程、使用的主要方法，以及广告策划书的主要内容，以便广告主对广告策划有大致的了解。

5. 正文

正文共分为以下四个部分。

（1）市场分析。

市场分析，一般包括四个方面的内容：①企业经营情况分析；②产品分析；③市场分析；④消费者研究。

在进行市场分析时，应先根据产品分析的结果，说明广告产品自身所具备的特点和优势，再根据市场分析的情况，把广告产品与市场中的同类商品进行比较，指出消费者的爱好和偏向，也可以提出广告产品的改进或开发建议。有的广告策划书称这部分为情况分析，仅简短地叙述广告主及广告产品的历史，对产品、消费者和竞争者进行评估。

（2）广告策略。

广告策略要根据产品定位和市场分析结果阐明广告策略的重点，说明用什么方法使广告产品在消费者心目中建立深刻的印象；用什么方法刺激消费者产生购买兴趣；用什么方法改变消费者的使用习惯，使消费者选购和使用广告产品；用什么方法扩大广告产品的销售范围；用什么方法使消费者形成新的购买习惯。有的广告策划书在这部分内容中增设促销活动计划，写明促销活动的目的、策略和设想，也有把促销活动计划作为单独文件分别列出的。

（3）广告实施计划。

广告实施计划主要根据产品定位和市场分析来测算广告对象的数量。根据人口调查结果，列出有关消费者的分析数据，概述潜在消费者的需求特征和心理特征、生活方式和消费方式等。之后，应确定目标市场，并说明选择此特定分布地区的理由。

广告实施策略部分，要详细说明广告实施的具体细节。撰文者应把所涉及的媒体计划清晰、完整而又简短地表达出来，详细程度可根据媒体计划的复杂性而定，也可另行制定媒体策划书。一般至少应清楚地叙述所使用的媒体、使用该媒体的目的、媒体策略、媒体计划。如果选用多种媒体，则需对各类媒体的刊播及如何交叉配合加以说明。

广告预算及分配部分，要根据广告实施策略的内容，详细列出媒体选用情况及所需费用、每次刊播的价格，最好能制成表格，列出调研、设计、制作等费用，也可以将这部分内容列入广告预算书中专门介绍。

（4）广告活动的效果预测和监控。

广告效果预测部分，主要说明经广告主认可，按照计划实施广告活动预计可达到的目标。这一目标应与前言部分确定的目标任务相呼应。

撰写广告策划书一般要求简短，避免冗长，要删除一切多余的文字，尽量避免重复相同概念，力求简练、易读、易懂。撰写广告实施计划时，不要使用代名词。广告策划的决策者和执行者不在意是谁的观念、谁的建议，他们需要的是事实。广告策划书在每一部分的开始最好有一个简短的摘要。在每一部分中要说明所使用资料的来源，使计划书增加可信度。一般来说，广告策划书不要超过两万字。如果篇幅过长，可将图表及有关说明材料移至附录部分。

在撰写广告策划书的过程中，视具体情况，有时也将媒体实施策略、广告预算、总结报告等单独列出，形成相对独立的文案，随后分别叙述。

（二）广告策划书案例

本部分以完美日记广告策划书为例进行讲解，完美日记 logo 品牌如图 1-14 所示。

PERFECT DIARY
完美日记

图 1-14　完美日记品牌 logo

（1）市场背景。

完美日记成立于 2017 年，是广州逸仙电子商务有限公司旗下产品品牌。创始人对完美日记的期待是"中国的雅诗兰黛"。公开数据显示，完美日记全网粉丝已超 2500 万，月曝光量超十亿。

根据 2019 年 6 月天猫的一份调查显示，完美日记"00 后"粉丝占比在国货品牌中排第二。2019 年"天猫双十一购物狂欢节"（图 1-15），完美日记成为 11 年来第一个登上天猫双十一彩妆榜首的国货品牌，并创下了多个第一：眼影品类销售额第一；唇釉品类销售额第一；睫毛膏品类销售额第一；眼线品类销售额第一。

（2）市场现状。

①当前市场状况。

随着我国人民生活水平的提高，人们对化妆品的需求也不断增加。改革开放以来，我国化妆品市场销售额平均以每年 23.8% 的速度增长，最高的年份达 41%。由此可见，化妆品是一个潜力巨大的产业。

进入 2019 年，彩妆市场格局发生了较大变化。完美日记市场份额跃至第二，仅次于魅可。2019 年 3 月彩妆网络零售前十品牌分别是：魅可、美宝莲、完美日记、迪奥、圣罗兰、阿玛尼、稚优泉、卡姿兰、雅诗兰黛和纪梵希。其中，魅可品牌彩妆市场占比最大，2019 年 3 月其网络零售市场份额占比达 2.8%，完美日记和美宝莲则并列第二，占比为 2.7%。整体来看，前十品牌市场销售额占网络彩妆行业的 21.1%，相较于2018 年彩妆市场集中度有所提高。

②企业的目标及任务。

在当前市场，化妆品已经成为中国市场最为活跃的日用消费品之一。国产彩妆品牌完美日记完成新一轮融资，估值超过 10 亿美元，知名投资机构高瓴资本、红杉中国和华人文化均参与投资。高瓴资本此前就是完美日记的老股东。这意味着目前中国最顶尖的两家投资机构同时身居完美日记股东之列。完子心选作为最新孵化的战略新品牌，希望能更好地满足新生代消费者更多元化的需求，助力集团多品牌战略目标实现。

（3）广告策略。

截至 2020 年 8 月，完美日记全网用户粉丝数量超过2700 万。11 月 1 日天猫双十一购物狂欢节开始第一波后，完美日记甩开国际大牌阿玛尼、兰蔻、雅诗兰黛等，冲榜第一。完美日记成立短短几年就达到爆红，与其营销策略是分不开的。

①精准目标群体定位。

在追求快消费的时代，客户更愿意选择线上选购下单的消费模式，追求大品牌产品，购买前喜欢先在小红书、知乎等APP 看各种达人测评后再"剁手"。

图 1-15　天猫双十一购物狂欢节

②全网"种草""引流"。

虽然完美日记品牌一创立就深受资本市场的青睐，但却并没有像其他国产彩妆品牌那样一开始就找大牌明星代言，而是请各平台大小网红账号做粉丝经济，其中小红书为第一"引流"阵地。这些大小 KOL（key opinion leader）通过与完美日记合作，将产品的基础内容二次创造，形成自己的风格，带动自己的粉丝圈完成消费。当平台有足够多数量的博主进行测评和分享时，一些普通用户也会被吸引自发购买和晒单。

③私域流量提高转化与复购。

对于快消品来说，留存和转化更需要被看重。完美日记的私域流量增长主要有 3 种模式。

a. 线上产品附带卡片：消费者收到货会发现包裹里附带一张"红包卡"，上面印有一个二维码和一个刮奖涂层，刮开涂层可获得特殊口令领取 1～2 元红包。整个引流过程是：顾客通过扫码关注完美日记官方公众号，在自动推送消息中获取个人微信号，再通过个人微信号推送的小程序将特殊口令填入获得奖励。

b. 线下店引导模式：通过某种福利先引流线下门店，顾客到店后领取福利前需添加"小完子"微信号成为微信好友，之后会在消费者消费后 24 小时内向其发送线下店社群，群内每天轮播各种福利消息。

c. 天猫旗舰店引流：当消费者下单完成后，会有小完子客服加微信，之后消费者会收到统一命名为"小完子玩美研究所"的群聊邀请。

（4）广告消费者分析。

①消费者分析。

完美日记的目标消费人群以"95 后""00 后"的年轻人居多。这个目标群体的特点是喜欢追求乐趣和个性化，更多地倾向于浏览其他消费者的真实评价和反馈，善于在各种平台上浏览、发掘产品信息，做各种美妆功课。因此，与传统美妆品牌的营销方式不一样，国潮美妆品牌走了一条网红产品的路子，通过全新的营销模式迅速占领了新一代年轻消费者的市场。新一代的年轻消费者对于国货（图 1-16）、民族品牌的支持力度非常高。

图 1-16 新国货

70% 以上的"95 后"主流消费者都会把国货排在日常消费品中的第一位，这给了完美日记品牌极强的信心。"95 后"主流消费者成长于国民经济高速发展的时代，他们接触了大量优秀的国产品牌，所以他们并不觉得国货是一个靠后的选择，反而会有一种小小的自豪感。新一代消费者是体验式的消费，更加愿意为一些新鲜的产品或者品牌买单，决策路径非常短。在所见即所得这点上，他们比上一代消费者更加果断，这也意味着品牌要第一时间抓住他们的眼球，尽快地去做一些后链路的动作。完美日记口红创意广告作品如图 1-17 所示。

新一代年轻人注重颜值。不只是彩妆和护肤品牌，新一代消费品品牌的颜值普遍都很高，产品外观新颖、独特，就是为了迎合当下年轻人的审美。产品能否创造社交货币，让消费者能在自己的圈层建立社交存在感，这一点对新品牌来讲很关键。

图 1-17　完美日记口红创意广告作品

②完美日记对用户的洞察。

完美日记瞄准"学生党",但如何建立这些消费者对品牌的忠诚度还要进一步思考。虽然完美日记用户转化率远高于雅诗兰黛,但复购情况不佳,其用户更加偏爱 Color Key 等新锐国产品牌(图 1-18)。而雅诗兰黛的用户也购买完美日记,完美日记用户对产品价格敏感,对产品包装设计的关注度较高。

(5)产品分析。

定位:打造国货品牌,走极致性价比路线。

品类:底妆、唇妆、眼妆、化妆工具、卸妆工具等。

价格:40 ~ 150 元。

包装:外观颜值高,视觉效果好。

图 1-18　Color Key 品牌 logo

主要竞争品牌及其优劣势：目前市场上主要竞争品牌有花西子、贝德玛、美宝莲等。现对花西子的优劣势进行分析。

优势：

a. 强调东方彩妆传承东方文化，形成了独立的市场区间；

b. 时尚感、趣味性和中国风；

c. 产品具有颜值高、风格独立、"种草力"强等特点。

劣势：

a. 与同功能产品相比价位更高；

b. 品牌延伸风险大。

（6）媒介策略。

①广告目标。

a. 使用较少费用最大限度覆盖招商广告的目标群体，并保持较高的接触频率

b. 扩大完美日记品牌的知名度与美誉度。

c. 树立国潮品牌形象，巩固市场份额。

②广告市场：全国。

③广告目标群：以"95 后""00 后"的年轻人为主。该目标群体的特点是喜欢追求乐趣和个性化。

三、学习任务小结

通过本节课的学习，同学们已经基本掌握了广告策划书的撰写方法和流程。通过完美日记广告策划书案例的分析，同学们开拓了视野，拓展了思维。课后，大家要在全面分析广告策划书的内容特点的基础上，总结规律，借鉴经验，为后续的专业学习打好基础。

四、课后作业

自选某主流产品，为其撰写广告策划书，并制作成 PPT 进行汇报。

项目二
广告调研技能实训

学习任务 一

广告调研的概念和内容

教学目标

（1）专业能力：了解广告调研在广告策划中的意义，理解广告调研的内涵以及广告调研在广告运作实践中涉及的工作领域。

（2）社会能力：培养学生对事物内容分析、归纳，进而理解、发现事物发展规律的能力。

（3）方法能力：对知识规律的分析、归纳、总结能力。

学习目标

（1）知识目标：了解广告调研的基本概念和类型，掌握广告调研的内容。

（2）技能目标：能按照相关要求组织广告调研活动。

（3）素质目标：理解事物发展规律的由来，树立正确的职业素养及价值观念。

教学建议

1. 教师活动

（1）收集优秀广告调研文案，运用多媒体课件、教学视频等多种教学手段，讲授知识点和赏析作品。

（2）引导学生对优秀广告调研文案进行分析并讲解设计要点与方法。

2. 学生活动

（1）在老师的指导下进行分组学习、讨论，选取优秀的广告调研文案进行分析，提高审美能力和表达能力。

（2）通过分析优秀的广告调研文案，提高学以致用的能力，学会分析文案写作的特点及方法。

一、学习问题导入

"没有人比妈妈更了解你，但是，妈妈知道你习惯性往水杯里放多少块冰块吗？"可口可乐公司经过深入调查发现，人们平均在每杯水中放 3.2 块冰块。

你使用卫生纸时是习惯叠起来用，还是折起来用呢？这两种使用方式的人群比例是多少？麦当劳公司曾就这个问题对消费者进行了调查。

你觉得可口可乐和麦当劳进行这种调查研究的意图何在呢？

二、学习任务讲解

1. 广告调研的基本概念和类型

在美国，73% 的企业设有专门负责产品调查、预测、咨询等工作的市场调研部门，产品进入每个新市场之前都对其进行调研，其中大公司的市场调研经费约占其销售总额的 3.5%，市场调研成果为企业带来千百倍的利益回报。

广告调研是市场研究的重要组成部分，意在解决广告实践中存在的问题，常与某一具体产品或服务相联系，也是广告创意、广告预算、广告效果测评等的基础，为广告活动主题确定奠定前提。广告调研可分为以下三种类型：

（1）营销方案型：通过市场细分、市场机会分析、消费者态度和产品使用情况研究等制定营销方案。

（2）选择型：检验各种备选决策，如新产品概念测试、广告方案测试、测试前的试销和市场试销等。

（3）评估型：评估营销活动的效果，包括追踪广告回忆、企业形象和品牌形象调查、衡量顾客对产品质量和服务质量的满意度等。

广告调研在广告运作实践中涉及的领域如图 2-1 所示。

图 2-1　广告调研涉及的领域

2. 广告调研的内容

（1）确定广告诉求对象。

问题：①什么是广告诉求对象？②如何确定广告诉求对象？

案例一：恒安集团是我国最早进驻卫生巾市场的龙头企业之一。其旗下"七度空间""安尔乐""安乐"三大卫生巾品牌曾因消费群体界定不清晰，致使"七度空间"个别系列产品影响力大于品牌本身，品牌形象不鲜明，"安尔乐"虽老化趋势，"安乐"走向衰退。集团市场竞争力因此受到极大削弱。

经过详尽的市场调研，恒安集团突破了单纯的用户年龄、职业划分指标，综合个性、生活形态等维度，对三个品牌的目标消费群体重新界定（图2-2）。

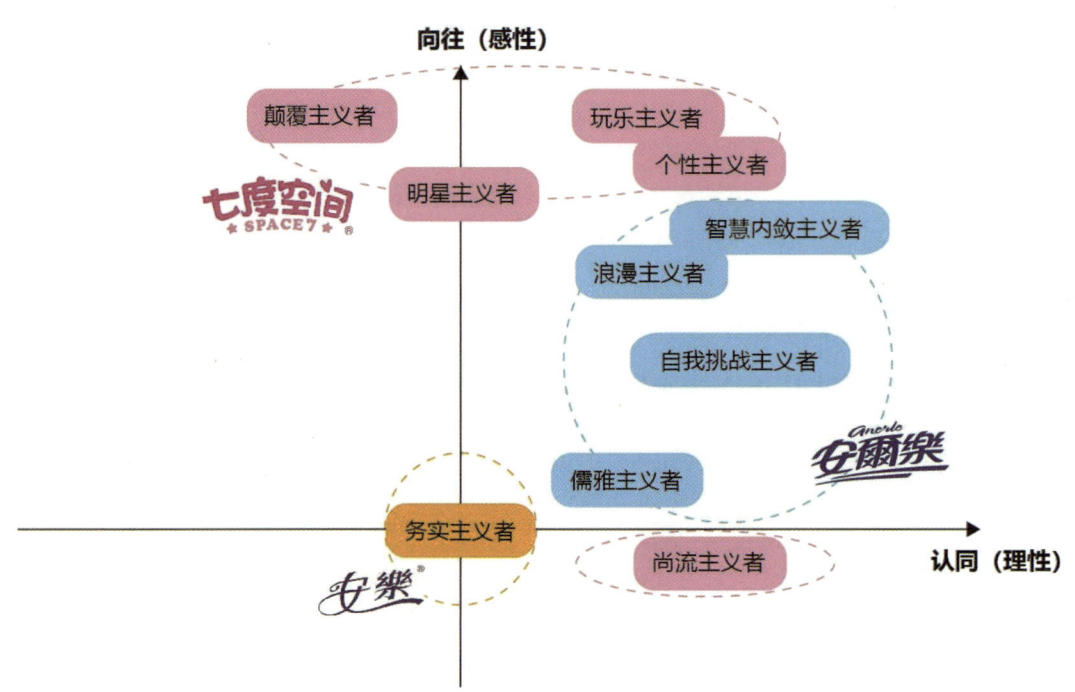

图2-2 恒安集团三大卫生巾品牌消费群体界定

七度空间目标消费群体：由14～20岁少女更改为"玩乐主义者＋个性主义者"，即追求酷、玩、潮流、时尚等生活方式的女性群体。

安尔乐目标消费群体：由21～35岁的青年女性更改为"浪漫主义者＋智慧内敛主义者"，并将原属七度空间的"优雅"个性过渡给安尔乐，将"儒雅主义者"划分到安尔乐的目标消费群体下，使安尔乐涵盖主流职业女性群体，成为成熟女性的首选。

安乐目标消费群体：由36～45岁的中年女性更改为"务实主义者"，以精于实惠之道、注重性价比的女性为主要消费群体。

小结：目标市场指每种商品的特定消费对象，在广告活动前首先要明确目标市场，才能确定广告诉求对象，从而确定广告主题及风格、广告代言人等。由此可见，广告诉求对象往往就是产品的目标市场或目标市场的一部分。

而产品的目标市场在哪里？广告所针对的具体消费者是哪些？广告主或策划人可以凭借个人经验判断大的产品类别的目标市场，却无法准确界定某一产品类别中特定品牌的目标对象。比如以上案例中恒安集团的卫生巾产品，不同卫生巾品牌的消费人群在消费特征和偏好方面各不相同。那么，如何对这些消费人群进行准确划分呢？这需要进行调查研究。

（2）品牌的定位或再定位。

问题：①品牌定位的意义是什么？②如何进行品牌定位？

案例二：在众多老字号凉茶中，王老吉最为知名。早期王老吉在"凉茶"与"饮料"品类之间摇摆不定。我国两广地区气候燥热，王老吉作为"凉茶"，其独特的降火药用功效极受该地区的欢迎。而王老吉若作为"饮料"，在全国市场中无法与康师傅、娃哈哈等饮料品牌相抗衡。经过调查研究，进一步了解消费者对于"凉茶"

与"饮料"的认知感受（而非需求），王老吉提出了新的品牌定位——预防上火的功能饮料，既区分于饮料品牌竞争对手，又将产品市场推向全国，清晰的品牌定位使王老吉获得了极大成功（图2-3）。

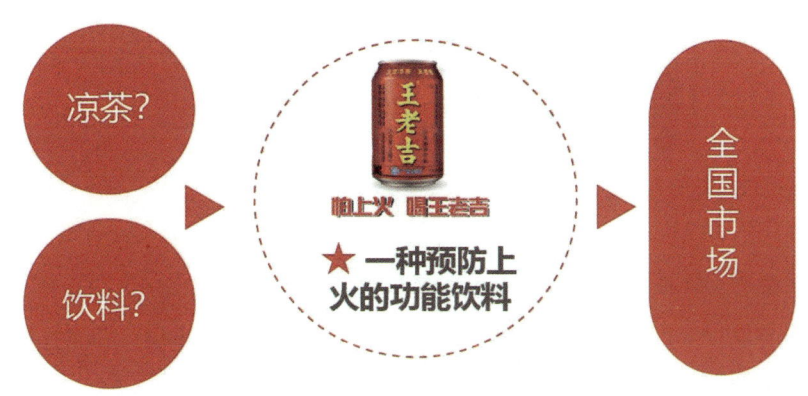

图2-3　王老吉品牌重新定位图

小结：广告大师大卫·奥格威曾说，一个广告运作的效果，更多取决于对产品的定位，而不是怎样写广告（创意）。产品的定位或重新定位关系到广告活动整体的方向与成败以及产品的市场销售，因此，必须建立在坚实的调研基础之上。比如广告调研中对于产品概念的测试，其目的是了解产品在消费者心中的形象以及突出特点，以便服务于品牌定位或再定位决策。

（3）确定广告诉求点。

问题：①什么是广告诉求点？②如何确定广告诉求点？

案例三：宝洁公司最早推出一次性尿布时，虽然相比其他尿布品牌更加实惠、好用，但依然在市场上受到了阻碍。广告策划人员通过深入调研发现受阻原因是人们的观念，于是将广告策略的重心放在改变观念上：将产品定位为宝宝需要的更柔软、安全、卫生的尿布，而不是为了母亲图方便的产物，如此一来，一次性尿布就成了最好的选择（图2-4）。

小结：广告诉求点指广告应当重点讲述的内容与涉及的主题。从消费者角度来看，广告诉求点指消费者心理防御的弱点，即对产品消费的内在动机；从产品角度来看，广告诉求点指品牌赖以说服消费者购买其产品的卖点，即产品的比较强项。寻找确定广告诉求点的方式可以是小组座谈或与特定顾客的深入访谈，以此了解消费者购买品牌产品的内在动机和产品在他们心目中最重要的特性。

（4）环境分析。

问题：以下案例反映了什么样的问题？

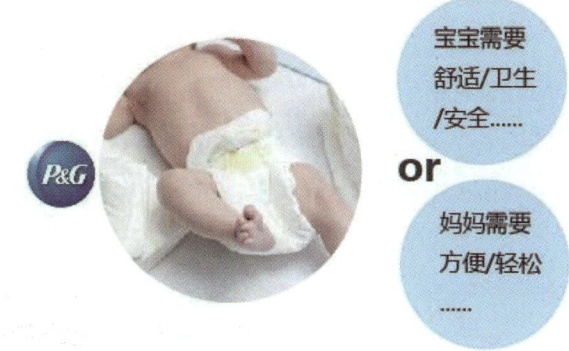

案例四：肥胖症与食品。美国疾控中心指出肥胖症已成为一种流行疾病。在美国，30%的成年人被认为肥胖，

图2-4　宝洁公司一次性尿布诉求分析图示

而6～11岁的儿童中，肥胖症的流行程度更加广泛，大量研究资料表明包装食品是导致肥胖症的重要因素。于是雀巢食品公司致力于研发介于食品和药品之间的更具营养价值的产品（图2-5）。

小结：当人类健康趋势发生变化，相关食品品牌必须要及时把握这些变化，进而掌握市场主导权，而广告与营销所传播的信息也必须要突出这些变化与诉求。因此在广告策划活动中，分析与把握企业发展所处的社会、文化、经济、政治等对消费者具有潜在影响的环境信息，评价广告即将进入的社会环境，为广告计划提供有价

图 2-5　雀巢食品公司

值的信息参考显得非常重要。环境信息分析一般包括如下内容。

①人口年龄及地理分布、人口密度、人口家庭构成及收入等人口统计信息。人口统计学特征可以反映人们对物质与服务的需求、消费行为与消费模式的变化状态等。

②以生活方式、价值观念、宗教信仰、消费倾向、文化素质与法律道德规范等为核心的社会文化信息。如在美国，社会和文化价值转变所产生的健美观念，催生了健康食品、温泉疗养、户外消遣娱乐等行业的发展。

③影响消费者购买力与消费模式、企业推广物品与服务的经济因素信息，如国内生产总值（GDP）、利率、通货膨胀、社会消费品零售总和等。传统汽车工业、旅游业、房地产业等受经济环境影响较大，而药业、快速消费品、低档食品等行业则受影响较小。

④监控信息——来自政府和其他非政府机构等监控环境的影响力。工商管理部门、食品药品卫生监管部门、消费者协会、广告协会、媒体等都对广告活动具有较大影响。

⑤影响企业所提供产品或服务的形式、社会价值与行为的技术信息。比如互联网的兴起与发展、新媒体的出现，促进了电子商务、直播带货的发展，人们的消费行为随之改变，因此广告形式也会发生相应变化。

⑥竞争信息——直接或间接性的潜在竞争会对营销与广告计划产生明显影响。比如互联网远程视频会议技术的发展对航空交通业带来的威胁。

（5）消费者概况。

问题：消费者概况调研对广告活动具有什么样的意义？

案例五：2013 年上汽通用汽车有限公司请罗兰贝格咨询公司对别克汽车和本田雅阁汽车的消费者进行了长期的调查研究，发现上汽通用别克的消费者大多属于不甘于现状、追求成功的人群，而广汽本田雅阁的消费者则更加满足现状、享受生活，这为别克的品牌定位提供了依据（图 2-6）。

图 2-6　上汽通用别克与广汽本田雅阁消费需求比较

小结：提供关于消费者的消费需求、欲望、动机等信息，是广告调研的重要工作。涉及消费者消费行为的研究通常涉及消费者所处社会文化环境、影响消费的心理因素以及消费决策过程等问题，常用的调研方式是AIO法，即从活动（activity）、兴趣（interest）、意见（opinion）三个维度来分析消费者的生活方式，再采用李克特（Likert）五级量表对问题答案进行归纳分析，从而获得有价值的消费者信息。

（6）形象研究。

问题：品牌形象是什么？具有什么样的意义？

案例六：在国内运动鞋企业争先恐后找体育明星作形象代言时，三兴集团致力于发展集前卫、时尚、个性、健康和休闲于一体的特步运动鞋系列。他们将消费群体定位在追求个性、崇尚时尚的青年一代。请香港青春偶像谢霆锋等为特步系列运动鞋代言，并在产品用色、设计上大胆突破，融入流行时尚元素。特步的这一举措，在国内率先改变了运动产品的特有属性和冷冰冰的品牌形象，很快得到了市场认可（图2-7）。

图 2-7　特步品牌形象分析图

小结：品牌形象是企业或品牌的代言，即企业、产品或服务在消费者心目中的地位或形象。好的品牌形象可以促进产品销售、企业生产经营，帮助企业吸收相关资金资源、获得相关机构支持与认可等。

（7）文案测验。

广告创作过程通常需要解决一系列问题，并经过一系列的测试，主要包含如下内容。

① 使用什么广告主题？

广告主题是广告表达的重点和中心思想，也是广告表现和广告创意的主要题材。从创作者提供的若干广告主题中选出最适合广告对象的主题，或将已有的主题修改成最佳主题，都赖于客观而科学的调查研究。

案例七：为配合广告公司提案，蒙牛酸酸乳进行了一项以目标消费者为对象的市场调查，提出"什么是青春的滋味"的问题，得出"欢笑和泪水交加，成长、磕磕绊绊的滋味"的答案，从而确定"青春的酸甜"这一广告主题（图2-8）。

② 选择何人为广告代言?

广告代言人是产品形象的生动化描述,选择产品代言人是广告创作者必须要研究的问题,而调查可以帮助我们做出最佳选择。

案例八:蒙牛酸酸乳冠名《超级女声》节目时,经过消费者调查了解到,"xxx 的形象很健康,选手中她最符合蒙牛酸酸乳的产品形象",从而选择其作为广告形象代言人。

广告主题
--- "青春的酸甜"

图 2-8 蒙牛酸酸乳"青春的酸甜"广告主题

③ 使用什么广告语?

适合并受消费者喜欢,在消费者心中构成影响力,是广告语创作的基本要求。广告活动中对于同一产品特征或问题的描述有不同的形式与方法,广告策划人员需要通过恰当的调研,才能快速了解到消费者偏爱的描述方式。

案例九:彩色电视机的"彩色"这一特点,可以使用"自然本色""色彩鲜明""色彩柔和""真实自然"等多种描述方式来表达,而消费者对于不同的描述方式具有不同的偏爱程度(图 2-9)。

④ 广告作品效果如何?

从多个广告作品中挑选出效果最佳的作品或对作品进行修改等,都需要科学有效的评判过程。通过直接评价、视向测验、回忆测验等文案测试法可以检验与比较各种文案的功能、传播效力,从中挑选出效果较为理想的文案投入实际广告运营中。

自然本色?
色彩鲜明?
色彩柔和?
真实自然?

图 2-9 彩色电视机的"彩色"特征描述

此外,广告创作中的广告背景音乐选择及其他问题等有时也需要通过调研来解决。

3. 广告传播效果测定

广告传播效果测定主要是检测广告对受众所产生的影响,包括广告对受众的认知、兴趣、偏好、欲望、行为等心理各层面的影响,这可以为广告策略的修订、广告作品的修改与更换等提供重要参考依据。

三、学习任务小结

通过本节课的学习,同学们学习了广告调研在广告策划中的意义,广告调研的内涵,广告调研涉及的领域等知识点。课后大家可以收集广告调研所涉及领域的企业或品牌广告案例,以小组为单位对这些案例进行自主分析、归纳、探讨,进而加深对节次课重难点的理解与掌握。

四、课后作业

针对广告调研所涉及的领域,以小组为单位收集相关企业或品牌的广告调研文案,对这些文案进行分析、归纳、探讨,并以 PPT 的形式进行汇报。

学习任务 二

广告调研方法和实施过程

教学目标

（1）专业能力：掌握广告调研的不同方法以及各方法的操作过程与适用情景。能自主选择合适的调研方法，按照恰当的工作流程开展广告调研实践活动。

（2）社会能力：培养学生的思辨与学习能力、实践动手能力、沟通表达能力。

（3）方法能力：设计思维能力、实践调研能力。

学习目标

（1）知识目标：了解广告调研的五种方法，熟悉广告调研的实施过程。

（2）技能目标：能自主选择合适的调研方法，按照恰当的工作流程开展广告调研实践活动。

（3）素质目标：通过对事物进行比较和分析，能做出恰当选择，并制定实践规划流程，开展广告调研实践活动。

教学建议

1. 教师活动

（1）通过问题引导、案例分析、实践任务训练等综合方式，引导学生掌握广告调研的不同方法以及各方法的操作过程与适用情景。

（2）讲解广告调研的实施过程以及各工作阶段的注意要点，引导学生自主进行广告调研实践活动。

2. 学生活动

（1）在老师的指导下分组学习、探讨广告调研的方法。

（2）结合广告调研实践活动实现工学结合、学以致用。

一、学习问题导入

为更好地促进店铺在湖南长沙地区的销售业绩，某水果店连锁品牌现要了解长沙地区大学生群体对不同水果的购买意向，假如你是本次调研活动的研究员，你会采取什么样的方式开展这项调研活动呢？

二、学习任务讲解

1. 广告调研方法

成功的广告调研活动有赖于恰当的广告调研方法。广告调研方法有很多种，不同的调研方法有不同的特点，在一项广告调研活动中通常会综合使用几种调研方法。常用的广告调研方法主要有访问调研法、座谈调研法、邮寄调研法、电话调研法、网络调研法等。

（1）访问调研法。

访问调研法是一种形式上比较自由的调研方法。它不受限于访问的标准程序、提纲、问卷等，是访问员与受访者就某些问题进行自由交谈，获取和采集资料信息的一种方法。受访者在访问过程中自由表达想法，不受限于访问员的要求等。访问调研法各流程注意事项如表 2-1 所示。

表 2-1 访问调研法各流程注意事项表

访问流程		注意事项
明确访问主题		访问员需事先了解访问主题，使访问有的放矢，便于采集到契合调研目的的有价值的信息
访前准备	工具	摄像机 / 录音机：捕捉信息多，但使用费时、费力，不利于受访者的自然发挥； 纸笔：访问员详尽记录信息的关键工具； 图片资料：有利于激发受访者根据图片资料发表意见，有时是访谈问题的关键，需访问前准备好
	礼品或礼金	给予受访者的报酬，需要在访问前准备好
选择受访对象		在所调研领域具有丰富的经验；比较健谈
介绍说明		访问员自我介绍并说明调查目的，使受访者了解访问员所提供信息的意义及重要性，建立信任感。访问员自我介绍时需注意：解释说明自己的身份；介绍时要不卑不亢；包容受访者的无礼或偏见；取得信任之后，可详细说明调研目的等，以便受访者在接受访问时知无不言，言无不尽。 如果访问员进行介绍说明后遭到了受访者的拒绝，需重新选择受访对象
访问交谈	活跃气氛	预热，构建轻松、愉悦、友好的交谈气氛； 访问员需保持自身情绪轻松愉悦； 随时关注受访问者的行为表现，及时给予恰当的礼貌与尊重； 可从一些轻松的或受访者感兴趣的话题开始，再自然切入主题
	谈论正题	访问员提出问题，受访者回答问题或发表观点的交谈过程 访问员的问题通常基于受访者的回答而逐步深入，交谈中访问员应注意：耐心聆听；保持良好的交谈气氛；有意识地运用试探技巧弄清楚疑难问题所在；表述问题清晰
结束致谢		对受访者接受访问表示感谢

（2）座谈调研法。

座谈调研法也叫焦点小组访谈法或小组访谈法，源于精神病医生所用的群体疗法。每个小组由 8 ~ 12 人组成。小组主持人引导参与者对某一主题进行充分而深入的讨论，了解其观念、看法及原因。座谈调研法的特点如图 2-10 所示。

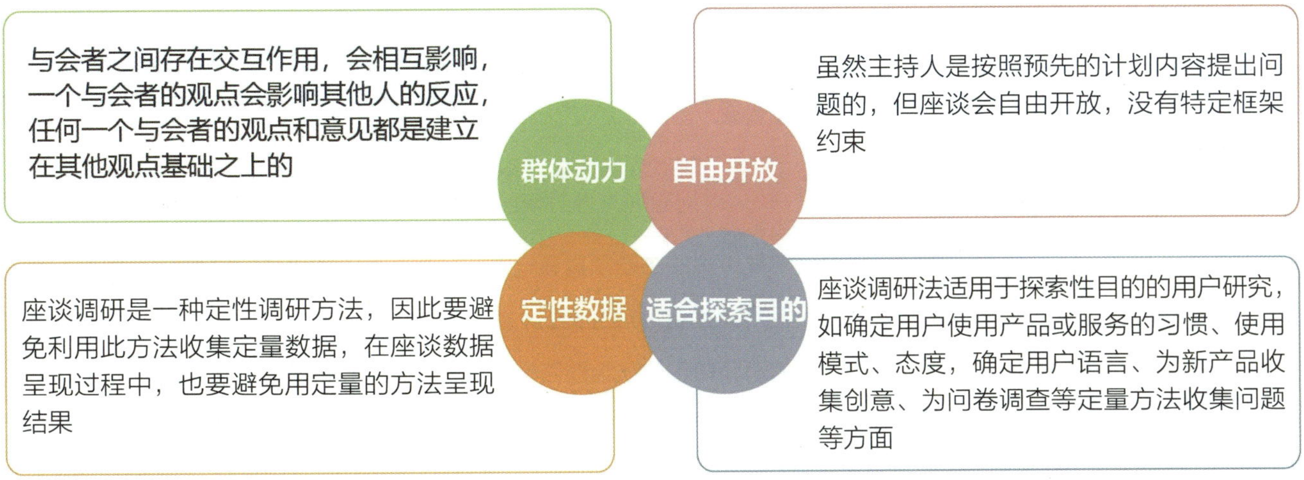

图 2-10　座谈调研法的特点

座谈调研法有利于了解消费者对相关产品、观念或组织的看法，了解相关事物与消费者在生活、情感上的契合度。座谈调研法主要目标：理解顾客的语言，获取创意，显示顾客对产品或服务的需要、动机、感觉以及心态等。座谈调研法各流程说明如表 2-2 所示。

（3）邮寄调研法。

①邮寄问卷调研法。

邮寄问卷调研法是将设计好的问卷附回邮信封寄给受访者，受访者填好后寄回给研究者的资料采集方法。随着互联网的快速发展，传统的邮寄方式被电子邮件取代。邮寄问卷调研法流程如图 2-11 所示。

准备邮件：此时，调研者与受调研者主要是通过邮件构建联络，邮件内容非常重要。邮件中需注明题目作答方式，比如单选或复选、答案在何处；尽量减少或避免开放性问题、复杂难答性问题；问题表述简洁、易懂；避免跳答或相倚题目，前后题目不能相互提示。

为在寄出邮件后获得有效回应，问卷寄出前需要先通过电话等方式征得被调查者的同意。问卷寄出一段时间后，可以使用电话或邮件催复，但要注意客观表达催复原因，不能捎带情绪。最后，还要表达谢意。

②置留式问卷调研法。

置留式问卷调研法是介于邮寄问卷调研法和访问调研法之间的一种方式，它综合了邮寄问卷调研法保密性强和访问调研法回复率高的优势。具体做法是调研者按访问调研法的方式找到受访者，说明调研的目的和填写要求，将问卷置于受访者处，约定 1 ~ 2 天后再次登门取回填写的问卷，或等待受访者填写完成，现场收回问卷。通常也要向受访者表达谢意。

（4）电话调研法。

电话调研法需要具备一些环境要素：光线充足、通风良好、无干扰、装有若干部电话的办公室，每部电话配备一台录音机、若干访问问卷、访问记录纸笔等；若条件允许，每部电话可配备一台计算机，将所有号码输入计算机，以便计算机对电话号码进行自动抽样、拨号，显示调查问题等。还便于访问员在访问过程中随时记录受访者的答案，以便录入访问数据。电话调研法的流程如图 2-12 所示。

表2-2　座谈调研法各流程说明表

座谈调研法流程	详细说明		
准备阶段	1. 拟定座谈大纲，设计问卷	更好地把握座谈进程，抓住座谈问题线索	（1）座谈大纲 结合研究目的、研究对信息的要求编写； 仅限定获取信息的范围； 问题通常为开放性的，前后问题之间具有一定的逻辑关系。 （2）问卷设计 结合研究目的、研究对信息的要求编写； 明确规定所要获取的信息； 问题通常为封闭性的
	2. 邀请与会者	与会者对要讨论的主题须具有一定的经验，但不能是参加过类似活动或"职业性"受访者	
	3. 聘请主持人	主持人的引导对于座谈会能否顺利进行并获取有价值信息至关重要	
	4. 布置会场		座谈会场通常在一个焦点小组访谈室中，一面墙上装有一个大单向镜，在不引人注目的地方（一般是天花板上）装有话筒，记录整个讨论过程；单向镜后是观察室，观察室内为观察者准备椅子和笔记台或桌子，还装有录音或录像设备等
座谈阶段	1. 介绍	活跃会场： 主持人自我介绍；座谈目的介绍；与会者自我介绍	
	2. 要求说明	为确保会议顺利进行，主持人事先宣布会议要求： 发言时间不超过3分钟； 可以补充或发展他人观点，但禁止评论； 禁止打断他人发言，如有想法，可先行记录	
	3. 问题讨论	问题讨论是座谈会获取有价值信息的关键阶段，主持人可根据座谈大纲主持会议，并及时抓住讨论过程中的新问题，引导与会者探讨并发表见解。可询问有没有人对此持有不同看法或者看到了问题的另一面	
	4. 座谈结束	座谈会时间一般在2小时以内。 与会者表达完意见，主持人宣布会议结束，表达感谢，发放礼品或酬金等	
会后阶段	会后总结	及时完成会后各项工作： 及时整理、分析座谈记录，检查记录的准确、完整性； 回顾并研究座谈会情况，反复听录音、看录像，回想会议要点，研究座谈会上反映的情况是否真实可靠，观点是否具有代表性等，对讨论结果做出评价，发现疑点和存在的问题； 必要的补充调查，对座谈会上反映的关键事实和重要数据进一步查证核实，对应当出席而没有出席的受访者，或在座谈会上没有充分发言的受访者，如有可能最好进行补充询问并记录； 撰写座谈报告	

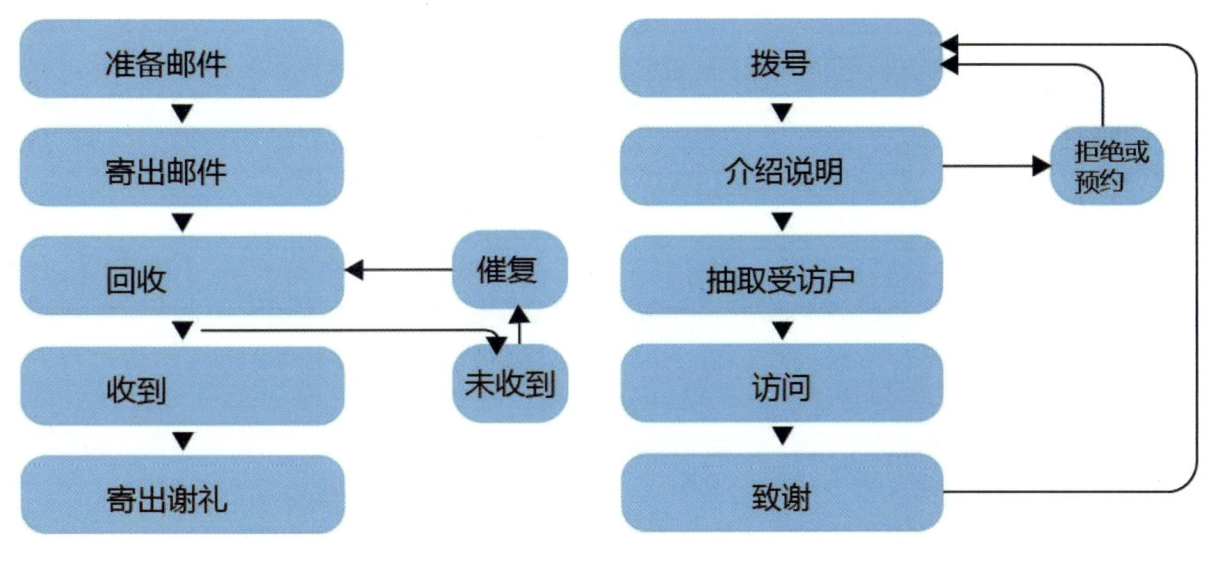

图 2-11　邮件问卷调研法流程图　　　　图 2-12　电话调研法流程图

①拨号。

按抽样提供的号码进行拨号。一般情况下，铃响 6 次判断为可能家中无人，拨号 3 次不成功，该样本可舍弃。电话调研法抽样的基本原理与其他调研法类似，但在操作上有其独特性，具体如下。

A. 抽取样本户。常用抽样方法是电话簿抽样法和随机拨号法。

a. 电话簿抽样法。

根据电话簿页数及样本大小，决定平均每间隔若干页抽取一个样本，假设这个间隔为 n；其次，在 1 ~ n 的数字中，随机抽出一个数字，以这个数字为第一页，每隔 n 页抽出样本户所在页码；最后，从第一页中随机抽出第 x 栏，第 y 个号码为样本户，之后每一页均以这个位置的号码为样本。

b. 随机拨号法。

随机拨号法可分为简单随机拨号法和集群随机拨号法，前者容易遇到空号，后者在一定程度上可减少拨到空号的概率。

（a）简单随机拨号法：选定要访问的区域号；以随机方式选定用户号。

（b）集群随机拨号法：确定一定数量的号码为一群，每个区号下可分出若干群；用分层抽样法决定每一区域号码中抽出多少样本群；用随机抽样法抽出若干群，用随机拨号法试拨。若某一群的第一个号码不是空号，则该群保留为样本群，再抽取群内的样本；若第一个电话是空号，则放弃整个群，另抽取其他群替代。

B. 选择替代样本。若电话拨不通，则需要寻找替代样本。通常采用阶层抽样来寻找替代样本。例如在使用电话簿抽样时，先将抽到的号码及其前后位置的号码一起抄下。该号码拨不通时，拨前一个号码，再拨不通就拨后一个号码。而在随机拨号抽样时，假如抽到的号码为 2080375，当这个号码不通时，依次拨 2080373、2080374、2080376 和 2080377。

②介绍说明。

访问员自我介绍，说明调查目的及访问所需时间，取得受访户信任。

③抽取受访户。

当受访户愿意接受调查时，进一步抽取受访者，并请被抽取到的受访者接听电话，向其再次简要说明调查目的。

④访问。

若前一步进行顺利，则访问员可按要求一一提问，直至问完所有问题。

⑤致谢。

随着通信技术的发展，电话调研受到各行业的青睐。在计算机科学发展的影响下，传统电话访问技术也发生了一系列变化，先后出现了计算机辅助电话访问和全自动电话调查。

（5）网络调研法。

网络调研法即基于互联网的调研或在线调研，网络调研法的注意事项如图2-13所示。

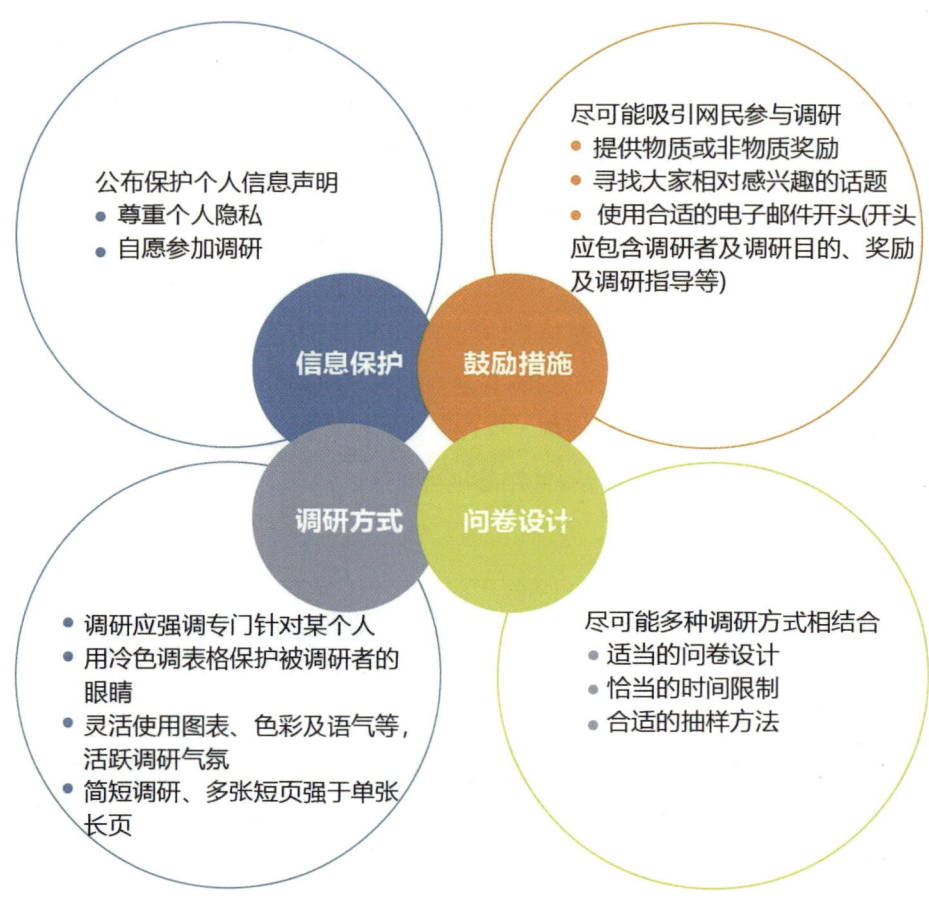

公布保护个人信息声明
● 尊重个人隐私
● 自愿参加调研

尽可能吸引网民参与调研
● 提供物质或非物质奖励
● 寻找大家相对感兴趣的话题
● 使用合适的电子邮件开头(开头应包含调研者及调研目的、奖励及调研指导等)

信息保护 **鼓励措施**

调研方式 **问卷设计**

● 调研应强调专门针对某个人
● 用冷色调表格保护被调研者的眼睛
● 灵活使用图表、色彩及语气等，活跃调研气氛
● 简短调研、多张短页强于单张长页

尽可能多种调研方式相结合
● 适当的问卷设计
● 恰当的时间限制
● 合适的抽样方法

图2-13　网络调研法的注意事项

网络调研法常见的调研方式如下。

① E-mail问卷调研法。

A. 主动问卷调研法。

美国消费者调研公司是一家网上市场调研公司。通过互联网在世界范围内征集会员，只要回答一些关于个人职业、家庭成员组成及收入等方面的背景资料问题即可成为会员。

该公司每月都会通过E-mail发送一些市场调研表给符合调研要求的会员，询问诸如"你最喜欢的食物是哪些口味""你最需要哪些家用电器"等的问题。在调研表下标注完成调研后可获得酬金，根据问卷的长短以及难度的不同酬金为4~25美元。该公司每月还会从会员中随机抽奖，中奖者至少可获得50美元奖励。该公司会员注册十分积极，目前已有会员 50 多万人。

问题：什么是主动问卷调研法？主动问卷调研法的步骤是什么？

主动问卷调研法的步骤：①建立被访者 E－mail 地址信息库； ②选定调研目标；③设计调研问卷；④调研结果分析。

B. 被动问卷调研法。

被动问卷调研法是一种将问卷放置在相关网页上，等待受访者访问网页时主动填写问卷的调研方法。

中国互联网络信息中心（CNNIC）每半年进行一次的"中国互联网络发展状况调研"采用的就是被动问卷调研法。为达到可以满足统计需要的问卷数量，CNNIC 在国内一些知名互联网服务提供商（ISP） 和网络内容服务商（ICP）（如新浪、搜狐、网易等）网站设置调研问卷链接，并进行适当宣传，以吸引大量互联网浏览者点击问卷，感兴趣的人会自愿填写问卷。

②网上讨论调研法。

网上讨论调研法可通过多种途径如网络论坛（BBS）、新闻组（newsgroup）、互联网中继交谈 (IRC)、网络会议 (web conference) 等实现。

主持人在相应的讨论组发布调研项目主题，请被调研者参与讨论，发表各自的观点和意见。或通过互联网视频会议将分散在不同地域的被调研者虚拟地组织起来，在主持人的引导下进行讨论。

网上讨论调研法是座谈调研法在互联网上的应用，需要主持人对讨论结果加以汇总和分析，对信息收集和数据处理的模式设计要求较高，因此难度较大。

2. 广告调研实施过程

（1）计划阶段。

广告调研计划阶段的主要任务是基于现实需求明确问题、设计并撰写调研方案、进行方案审批。

（2）设计广告调研方案。

①确定调研目的。

明确调研目的是拟定相关调研内容的基础，而调研内容界定了问卷设计或访问提纲的范围，并直接影响调研目的的达成，因此调研内容的全面性、恰当性以及调研假设的合理性，在相当程度上影响着调研方案能否通过审批。

②确定调研方法。

确定调研方法需要解决抽样、资料采集方法和统计方法三个基本问题。前两者需要以书面形式呈现在调研方案中，第三者不一定以书面形式呈现，但调研者需要做到心中有数，前两个问题的解决有利于调研实施操作的明朗化、简洁化。

③拟定调研活动进度。

调研活动进度表是调研推进的时间参照，委托方可据此检查调研活动进展甚至据此解决法律纠纷。作为调研机构的备忘录，调研活动进度表可强化调研过程管理，助力提高工作效率，节省调研成本。

④预算调研经费。

广告调研经费因项目不同而不同，最常用的经费估算方法是依据抽样设计与资料采集方法，列出调研过程中的费用支出项目和金额，求出总费用。

⑤撰写广告调研方案。

广告调研方案即广告调研计划书，它能供调研委托方审议、检查，同时也可作为广告调研执行的依据。调研方案包括书面和 PPT 两种形式，PPT 形式便于调研者更简明地向客户阐述调研设想以及回答客户提出的相关问题等。

⑥方案审批。

调研方案撰写完成后需供委托方分析、审查，评估方案的合理性及价值，多数情况下需要合作双方对方案进行反复协商并修改，方案得到认可后便可开始调研工作。

（3）资料采集阶段。

①资料采集准备。

资料采集准备是资料采集阶段的第一步工作，主要做好以下工作。

工具准备：获取调研资料需要借助一定的工具，可以是问卷、量表等，还可以是仪器，如电脑、眼动仪、脑电记录仪等。

人员准备：访问员招聘与培训等。

材料准备：调研中需要的实验材料，如广告作品、产品品牌、包装设计等。

抽样实施：建立抽样框架，抽取受调研者等。

②预备性调研。

正式调研过程中问卷设计、抽样设计、仪器操作等极有可能会出现漏洞或不完善之处，为尽可能保障调研的准确性，需要通过预备性调研来规避这些问题。比如，在一项关于品牌资产的调研中，有一项关于品牌自由联想的实验，请被调研者对品牌进行 3 分钟的联想，这一时间便是根据预备性实验确定的。

③资料采集。

资料采集关系到资料的客观性、真实性、可靠性。预备性调研完成后，便开始正式的资料采集工作，即通过访问、观察、记录等方法收集有关调研问题的第一手资料。确定所获得调研资料的真实可靠性之后，调研实施阶段可以宣告结束，开始进行下一步工作。

在问卷调研中，资料采集通常包含以下三个步骤。

a. 访问：访问员询问被抽到的受访者，记录受访者的回答。

b. 问卷复核：检查受访者交回的问卷资料，发现并纠正不合规范的地方。

c. 回访：抽取一定的受访者进行二次访问，以判断访问过程的真实性。

（4）分析报告阶段。

调研实施阶段结束之后，便开始对调研所获信息进行汇总、分析，即分析报告阶段。

①统计处理。

对问卷资料进行统计处理是分析报告阶段的第一步，包含以下过程。

a. 编码：将收集的资料转化为计算机能识别的、符合统计分析软件要求的符号或代码。

b. 数据录入：将编码结果输入计算机。

c. 统计运算：根据统计分析计划要求，给计算机下达统计指令，使其运算。

d. 输出结果：打印出计算机的运算结果。

②数据分析。

发现数据中存在的规律和数据反映的问题，选择能够说明问题的数据，为撰写调研报告做准备。

③撰写报告。

当需要的数据齐备，数据反映的规律、问题清楚之后，调研者便可以撰写调研报告，调研报告的撰写详见学习任务三——撰写广告调研报告。

④结果汇报。

调研报告完成后，由调研人员向委托方代表或评审专家介绍说明调研所得结果及结果的由来，即调研结果汇报会或鉴定会。结果汇报需要调研方事先做好汇报 PPT 文件并进行演练，以免汇报过程中出现问题，耽误客户时间。汇报结束，调研人员针对会议中提出的问题或建议进一步修改完善调研报告，待委托方接受报告之后，整个调研报告工作宣告结束。

三、学习任务小结

通过本节课的学习，同学们已经初步掌握了广告调研的方法和操作流程，提高了对广告调研的深层次认识。课后，大家要仔细研究广告调研的策略和方法，并与实践紧密结合，提高广告调研的实践性。

四、课后作业

针对广告调研所涉及的几个工作领域，以小组为单位收集相关企业或品牌的广告调研方案，对这些案例进行分析、归纳、探讨，并以 PPT 的形式进行汇报。

学习任务 三 **广告调研报告的撰写**

教学目标

（1）专业能力：了解广告调研报告的特点和基本要求，掌握广告调研报告的撰写方法。

（2）社会能力：培养学生的逻辑思维与表达能力。

（3）方法能力：对信息的梳理、归纳、总结、表达能力。

学习目标

（1）知识目标：能理解广告调研报告的特点、基本要求、框架结构，掌握广告调研报告的撰写方法。

（2）技能目标：能独立撰写广告调研报告，并对报告进行修正完善。

（3）素质目标：培养严谨的思维与表达能力，提高对信息的梳理、归纳、总结能力。

教学建议

1. 教师活动

（1）运用问题引导、案例解析等方式，帮助学生理解广告调研报告的特点、基本要求和框架结构，以项目教学法指导学生撰写广告调研报告。

（2）引导学生分析广告调研报告并讲解各个要点与方法。

2. 学生活动

（1）在老师的指导下，分组学习广告调研报告的撰写方法。

（2）分组选取优秀的广告调研报告进行分析，提升调研创新能力和文字表达能力。

一、学习问题导入

各位同学，大家好！本节课我们一起来学习广告调研报告的撰写方法。假设一家生产大型厨房电器的公司想要了解消费者对炉具和冰箱的色彩偏好，现邀请你做一份广告调研报告，你的调研报告提纲该怎样拟定呢？

二、学习任务讲解

广告调研报告属于市场调查报告的一种，是通过对广告环境、广告主体、广告受众、竞争对手等市场情况的调查，对所得信息进行分析、调研与处理，写成的为广告计划提供依据的报告性文书。

1. 广告调研报告的特点

广告调研报告的特点如图 2-14 所示。

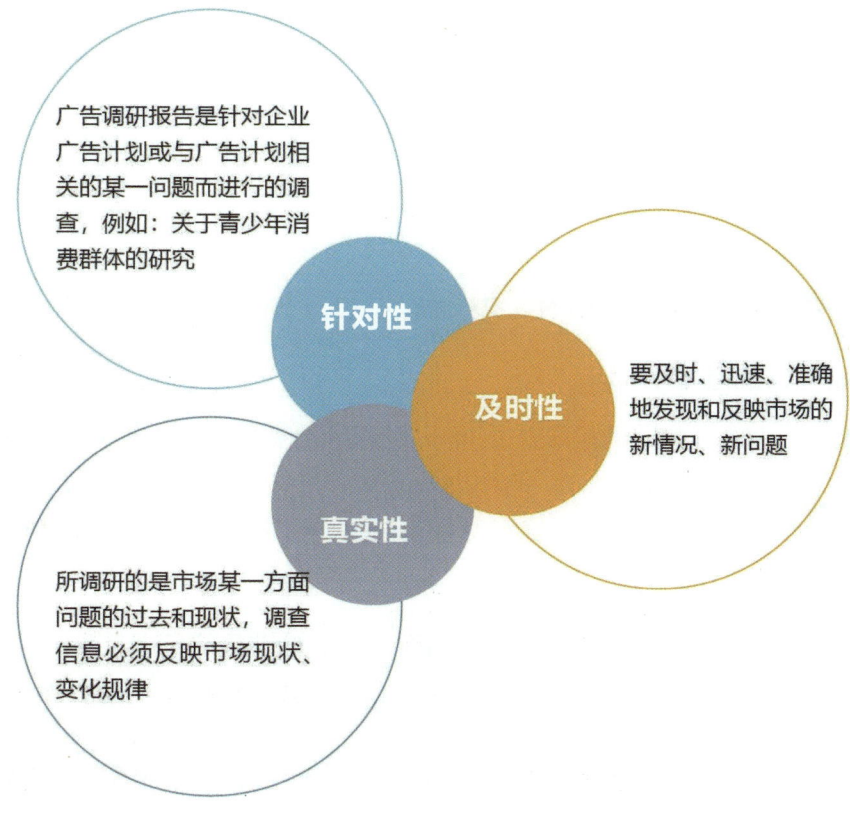

广告调研报告是针对企业广告计划或与广告计划相关的某一问题而进行的调查，例如：关于青少年消费群体的研究

针对性

及时性

要及时、迅速、准确地发现和反映市场的新情况、新问题

真实性

所调研的是市场某一方面问题的过去和现状，调查信息必须反映市场现状、变化规律

图 2-14　广告调研报告的特点

2. 广告调研报告的基本要求

（1）语言简洁。

语言简洁、准确，令读者一目了然。

（3）结构严谨。

各部分内容中心思想突出，各部分之间逻辑关系紧密，方便读者明白整个调研的基本过程和结果，切忌将大量资料简单堆积在一起。

（3）内容全面。

调研报告要包含调研原因、调研方法、验证的假设、调研结果及结论、调研建议等内容，便于读者了解调研的来龙去脉及全貌、评价调研质量、认识调研所获结果、明确调研价值及所解决的问题等。

（4）资料翔实。

组织整理调研过程各阶段的资料，不遗漏重要资料，摒弃无关资料。

（5）结论明确。

对所获结论的说明明确，忌模棱两可、含糊其词。

3.撰写广告调研报告的注意事项

（1）词汇恰当。

应用性调研报告的词汇尽量非专业化，易于不同专业背景的人群阅读与理解；学术性调研报告尽量使用专业术语，用词准确、科学。

（2）语言客观。

语言叙述客观、平实，方便读者判断。

（3）观点贴切。

考虑读者观点、阅历，适合读者阅读。

（4）内容直观。

充分利用统计图、统计表等较为直观的方式来说明和显示资料内容，以便读者阅读与理解。

（5）数据准确。

仔细核对全部数据与统计资料，确保数据资料准确无误。

4.广告调研报告的基本结构

不同调研课题或不同调研人员所撰写的广告调研报告可能会有所不同，但广告调研报告的基本结构一般都包含序言、摘要、正文、附录四个部分。广告调研报告的基本结构如图2-15所示。

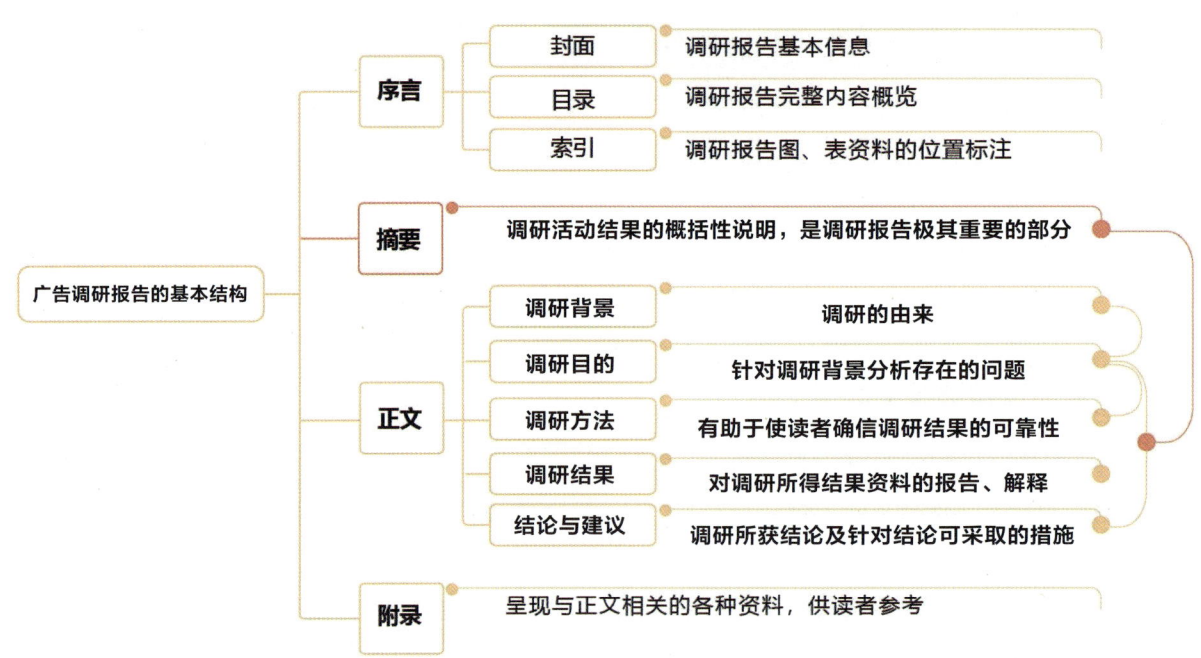

图2-15 广告调研报告的基本结构

（1）序言。

序言主要介绍调研课题的基本情况，包含封面、目录、索引三部分。

①封面。

调研报告封面根据调研公司要求或调研者兴趣而定，一般要求精致、严整（图2-16），调研报告封面一般包含以下几项内容。

A. 调研报告题目：题目可长可短，但要能概括主要调研内容。

B. 调研机构名称：可同时附上调研机构联络方式。

C. 项目负责人及所属机构：写清楚项目主要负责人及其所在机构。

D. 日期：报告完稿日期。

②目录。

目录是调研报告各项内容的完整一览表（图2-17），调研报告目录一般只列出各部分的标题名称及页码，目录的篇幅一般以不超过1页为宜。

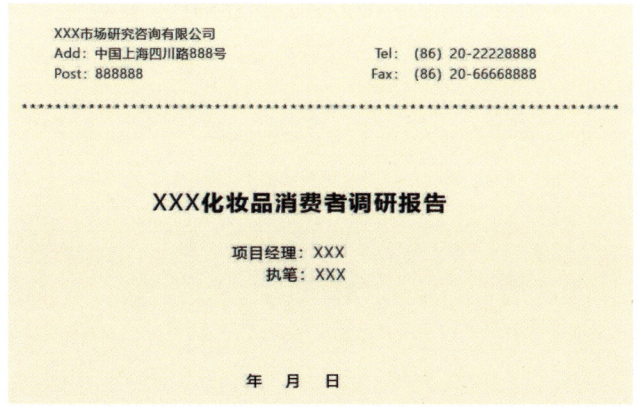

XXX市场研究咨询有限公司
Add: 中国上海四川路888号　　　Tel: (86) 20-22228888
Post: 888888　　　　　　　　　　Fax: (86) 20-66668888

XXX化妆品消费者调研报告

项目经理：XXX
执笔：XXX

年　月　日

图2-16　广告调研报告封面参考样式　　　　　图2-17　广告调研报告目录参考样式

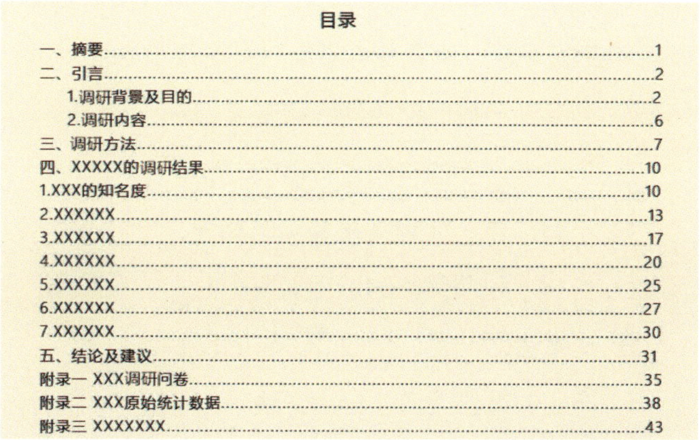

③索引。

如果调研报告的图、表资料较多，为便于阅读查阅，可列一张图表索引，还可以分别列出图、表的资料索引。图表索引的内容和目录相似，需要列出图表号、名称及所在页码（图2-18）。

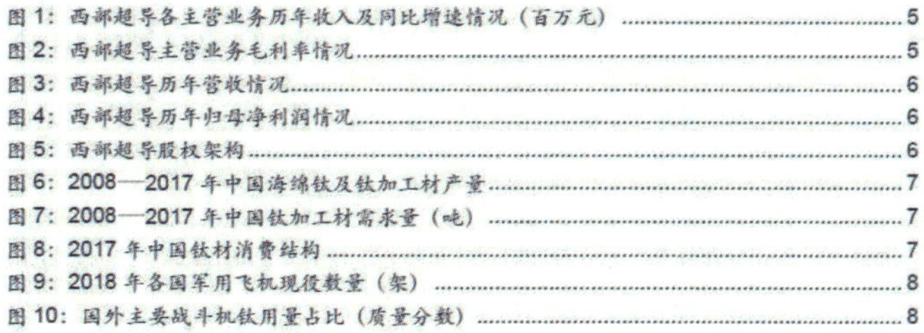

图2-18　图表索引样式

（2）摘要。

摘要主要概括性说明调研活动获得的主要结果。由于读者需要快速通过调研报告获取调研主要结果和结论，从而据此制定相关策略，因此摘要是调研报告至关重要的一个部分。

摘要的书写应当清楚、简洁，说明调研的主要结果，而详细的论证资料只在正文中加以阐述即可。调研结果的摘要须简短，一般不超过报告内容的 1/5，可包括以下各方面的简要资料：

①本产品与竞争对手当前的市场状况；

②产品在消费者心目中的优缺点；

③竞争对手销售策略与广告策略；

④本产品广告策略的成败及其原因；

⑤影响产品销售的因素；

⑥根据调研结果应采取的行动或措施等。

（3）正文。

调研报告的正文需要呈现调研的全部事实，详细阐述调研的背景、目的、方法、过程、结果、所得结论和建议。正文要呈现调研过程与结果的客观性、科学性、准确性，使读者能够从调研结果得出自己的结论，而不受调研人员解释的影响。正文应包括以下部分。

①调研背景。

调研背景用于说明调研的由来，说明时可以有关背景资料为依据，分析企业经营、产品销售、广告活动等方面存在的问题。背景资料可包括以下几个方面：

A. 产品在一段时期内的销售变化情况；

B. 与竞争对手的市场占有情况对比；

C. 已有广告、促销策略及实施状况；

D. 价格、包装策略的运用情况；

E. 消费者对产品、企业、广告的反映；

F. 产品的销售渠道、分销方法等。

②调研目的。

调研目的通常针对调研背景分析存在的问题，一般是为了获得某些方面的资料或对某些假设进行检验。不论调研目的为何，调研者都需要对本调研获得的结果列出一张清单，如：

A. ××× 品牌的知名度；

B. 消费者的媒体接触情况；

C. ××× 品牌的市场目标对象及其特点；

D. 消费者对 ××× 品牌的忠诚度；

E. 影响消费者购买 ××× 品牌的原因等。

③调研方法。

介绍调研方法有助于读者确信调研结果的可靠性。在描述调研方法时要尽量简洁，介绍清楚方法及采用该方法的原因即可。这一部分一般需要体现如下内容。

A. 调研地区：调研活动开展的地区或区域，选择这些地区或区域的理由。

B. 调研对象：调研抽取样本的对象群，通常指产品的销售推广对象或潜在目标市场，如 18 ~ 45 岁的男性消费者。

C. 访问完成情况：拟定调研人数、实际回收有效问卷数量、有效问卷回收百分比、问卷无效或丢失原因、补救措施等。

D. 样本结构：抽取样本的抽样方法、抽取后的样本结构、是否具有代表性、与拟定计划是否一致等。

E. 资料采集：资料采集的方法，如是入户访问还是电话访问；是观察法还是实验法；调研如何实施，遇到什么问题，如何处理等。

F. 访问员介绍：访问员能力、素质、经验等会对调研结果产生影响，因此需要简要介绍。

G. 资料处理方法及工具。

④调研结果。

调研结果是将调研所得资料形成报告，包括图表资料及相关文字说明。图表资料直观明了，其中隐含着相关趋势、关系或规律，但需要调研人员通过客观的分析与描述进行阐释说明。对调研结果的解释包含说明、推论、讨论三个层次。

A. 说明。

根据调研所得统计结果来描述事物状况、发展趋势、相关关系等。说明是利用已有资料或逻辑关系来深入分析数据，不是对数据结果的简单描述，如表 2-3 所示。

表 2-3 彩色电视机拥有比例 （单位：%）

彩色电视机	家庭月平均收入		
	600 元以下	600 ~ 1000 元	1000 元以上
有	30	50	80
无	70	50	20
合计	100	100	100

根据表 2-3，可说明如下：

• 调研对象中约一半的家庭拥有彩色电视机（事实叙述）；

• 彩色电视机的拥有率随着家庭收入的增加而提高（趋势描述）；

• 家庭收入的高低对彩色电视机的购买具有一定影响（因果关系说明）。（注意：数据资料并没有揭示这种因果关系，是调研者根据家庭月平均收入和拥有彩色电视机的比例做出的推断。）

B. 推论。

市场调研的结果往往是关于部分调研对象的资料，而调研的目的是了解总体的情形，因此调研者需要根据调研的数据来估计总体的情况，即推论。推论不是简单地用样本调研结果代替总体，还需要考虑样本的代表性，样本的代表性越强，用样本来估计总体的误差就越小，否则便容易出错。

C. 讨论。

讨论主要分析调研结果产生的原因。例如针对"上海地区 A 包装比 B 和 C 包装更有利于销售"这一结论，讨论应该为：为什么 A 包装比 B 和 C 包装更有利于销售？

讨论可以根据理论原理或事实材料解释结论，也可以引用其他调研材料做解释，或根据调研者的经验和主观设想做解释。例如对于"能清楚描述 A 品牌商标图案的消费者远比能清楚描述 B 品牌商标图案的消费者多"这一结论，调研者可以解释如下。

A 品牌商标图案比较简洁（事实）。

A 品牌商标图案比较具体，B 品牌商标图案比较抽象（事实）。

A 品牌商标图案的广告重复次数多，消费者见过该商标图案的机会也比较多（事实或假设）。

调研结果的内容较多，篇幅较大，为便于读者整体把握调研结果，调研结果报告一般将所有内容分成若干小部分，每一个小部分列一个标题，且这些标题分别与调研目的相对应，回答通过调研所要解决的问题。

⑤结论与建议。

说明调研获得了哪些重要结论，根据调研的结论可以采取什么样的对策。结论可简洁、明晰地回答调研前提出的问题，并简要引用有关背景资料和调研结果来解释论证。

视调研课题大小，结论有时也可与调研结果合并在一起。当调研课题较小时，结论简单，二者可合并在一起。

建议主要是指针对结论提出可以采取的措施、方案或具体行动步骤，如：A.媒体策略应如何改变；B.广告主题应如何设计；C.如何与竞争者抗衡；D.广告诉求应以什么为主；E.采用何种包装、促销战略更佳等。

（4）附录。

附录主要呈现与正文相关的各种资料，以供读者参考，附录资料可用来证明或进一步阐述已经包括在报告正文之内的资料。呈现在附录中的资料种类如下：A.调研问卷；B.抽样有关细节的补充说明；C.原始资料的来源；D.调研获得的原始数据图表（正文中的图表只是汇总）。

三、学习任务小结

通过本节课的学习，同学们了解了广告调研报告的特点、基本要求、框架结构，以及撰写广告调研报告的方法。综合运用相关理论知识与方法，独立撰写广告调研报告是本节课的难点。课后，请大家以小组为单位，拟定调研提纲，完成一篇广告调研报告的撰写。

四、课后作业

美的集团为了使旗下厨房小家电产品的设计更加符合年轻一代消费者的期望，想要了解年轻一代消费者对厨房小家电产品的色彩、材质、样式偏好，请大家以小组为单位，拟定调研提纲，完成一篇调研报告的撰写。

项目三
广告媒体策划
技能实训

广告媒体概述

教学目标

（1）专业能力：理解广告媒体的定义，了解广告媒体的发展历程，认识广告媒体与策划的内在联系。

（2）社会能力：提升学生的团队协作能力和表达与交流能力。

（3）方法能力：自主学习能力、资料整理和归纳能力、设计案例分析应用能力。

学习目标

（1）知识目标：了解广告媒体的概念、发展历程。

（2）技能目标：能对广告媒体在广告策划中的作用进行总结和分析。

（3）素质目标：能通过鉴赏优秀的广告案例，提升专业兴趣，提高广告媒体策划的技术能力。

教学建议

1. 教师活动

（1）通过前期收集的优秀广告媒体作品，运用多媒体课件、教学视频等多种教学手段，进行知识点讲授和作品赏析。

（2）深入浅出、通俗易懂地引导学生对优秀广告媒体作品进行分析并讲解设计要点与方法。

2. 学生活动

分组对广告媒体概念进行分析，认真听课，观看作品，加强对广告媒体概念的认知。积极大胆地表达自己的策划思维，与教师积极互动，形成良好的团队意识。

一、学习问题导入

同学们，今天我们来学习广告媒体的相关知识。广告媒体与我们的日常生活息息相关，下面我们通过一个案例来进入今天的课程学习。

垃圾桶盖上的广告：不让你"习以为常"。

葡萄牙 Vitae 流浪者庇护所（Vitae homeless shelter）开发的新媒介在圣诞节期间进行投放。在人们每天接触的垃圾桶盖内，印着标志性的流浪汉头像和广告语"给予帮助，他们就不用再来这里觅食"，如图 3-1 所示。

这则广告在人们习以为常的垃圾桶上做文章，倒垃圾是人们生活中不可避免的行为，以垃圾桶为媒介，将流浪汉的形象与垃圾桶联系起来，更能引起人们的警醒。人们在打开垃圾桶盖的同时看到广告内容往往会十分惊讶，留下深刻印象，从而达到较好的效果。将平时人们忽略的载体充分利用起来，并在人打开垃圾桶盖的同时形成了互动，这样的效果十分理想。

图 3-1 葡萄牙关爱流浪者广告

二、学习任务讲解

1. 广告媒体的概念

媒体又称媒介，是人借助用来传递信息与获取信息的工具、渠道、载体、中介物或技术手段。媒体一词来源于英语词汇 media，意为"中间的""手段"或"工具"等。广告是一种信息传播活动，没有广告媒体，广告信息就无法传递。任何一种事物，只要加上广告信息，都可以成为广告活动的载体，成为广告媒体。广告媒体的形式多样，常见的如广播、电视、报刊、互联网、路牌、灯箱、包装装潢、交通工具等。另外，凡能起传播作用的物体，均可成为广告媒体，如一张名片、一支笔、一件工服等（图 3-2、图 3-3）

我们生活在一个广告的世界里，从下水道的铁盖到空中的气球，从街头的垃圾桶到咖啡厅里的茶杯，无论物品大小，位置高低，只要有商机，就会留下广告的痕迹。广告信息传播的方式众多，曝光频率高。广告媒体凭借着人类的智慧以及无限的想象力，渗透到人们生活的方方面面。各种媒体用不同的方式与方法传播着各种各样的广告信息，为生产者与消费者之间架起了沟通的桥梁。商家赚取了巨额的利润，消费者满足了各种需求，生活水平不断提高。随着市场经济的进一步发展，广告成了人们生活中不可缺少的一部分。

广告媒体是指借以实现广告主与广告对象之间建立传递广告信息联系的载体、物质或工具。凡是能刊载、播映、播放广告作品，在广告宣传中起传播广告信息作用的物质都可称为广告媒体。

广告媒体具有以下特点。

（1）必须是良好的广告信息载体，能根据广告主的要求准确地传递广告信息。

（2）能适应不同广告信息传递的不同目的、不同层次和不同对象的要求。

（3）能吸引大量受众或引起受众的兴趣，起到桥梁的作用。

广告与广告媒体两者之间是相互依存的，广告与广告媒体的关系如下。

（1）众多的广告媒体各具特点，它们自觉或不自觉地向消费者传递广告信息，从而起到刺激引导消费者的目的。

图 3-2　可口可乐户外媒体广告　　　　　　图 3-3　佳能户外媒体广告

（2）广告媒体能够适应广告主的各种要求，帮助其顺利地传播广告信息。

（3）每一种媒体都在以其特点发挥着传递广告信息的作用，满足广告主对广告目标的不同要求。

（4）广告信息传播能不能达到预期的效果，除了创意策划和设计制作因素之外，更重要的是正确选择和运用广告媒体。

2. 广告媒体发展

广告媒体发展的进程主要有五个发展阶段，即口语传播时代、文字传播时代、印刷传播时代、电子传播时代和数字传播时代（图 3-4）。

图 3-4　不同时期的广告媒体

（1）口语传播时代。

口语传播是人类传播活动的第一个发展阶段，这一阶段可以简单概括为从人类开始说话到用手写字这一漫长时期。口语最初仅仅是一种将声音与周围事物或环境联系起来的符号，在人类认识世界和改造世界的实践中，逐渐提高了它的抽象能力，使其成为一种能够表达复杂含义的声音符号系统。与此同时，也大大促进了人类思维能力的发展。

美国传播学家德弗勒认为，语言与思维是不可分割地联系在一起的，思维的规则和语言的规则相同，思维也就是内向操作语言。直到今天，口语依然是人类最基本、最常用和最灵活的传播手段，但是作为声音符号的口语有其局限性。其一，口语只能在很短的距离内传递和交流；其二，口语转瞬即逝，记录性较差。因此，口语受到空间和时间的巨大限制，在没有诸如电话等口语媒体的情况下，它只能适用于较小规模的近距离社会群体或部落内的信息传递。

事实上，即使在以口语传播为主的时代，口语也并不是唯一的传播手段。为了适应越来越复杂的社会生活和越来越大的环境空间，人类不断地发明和采用了一些早期的体外化媒体，例如用约定的实物来传递和交流信息，利用结绳或图形符号来记录重要的事件或生产和交易情况；利用擂鼓或燃放烟火以及这些信号的接力传送等，来实现远距离的联络。这种原始媒体的传播功能已经接近于文字，它们能把信息传得更加广远，更加长久。

（2）文字传播时代。

文字是人类传播发展史上第二座里程碑。文字是在结绳符号、原始图画的基础上发展而来的。英国历史学家巴勒克拉夫在《泰晤士世界历史地图集》中指出，公元前 5000 年左右的文字发明，是文明发展中的根本性的重大事件。它使人们能够把行政文献保存下来，把消息传递到遥远的地方，也就使中央政府能够把大量的人口组织起来，它还提供了记载知识并使之代代相传的手段。巴勒克拉夫的这段话概括了文字发明的重要意义。首先，文字能够把信息长久保存下来，使人类的知识、经验的积累、储存不再单纯地依赖人脑的有限记忆力；其次，文字能把信息传递到遥远的地方，打破了声音语言的距离限制，扩展了人类的交流和社会活动的空间；再次，文字的出现使人类文化的传承不再依赖容易变形的神话或传说，而有了确切可靠的资料和文献数据。文字的产生使人类传播在时间和空间两个领域都发生了重大变革。

文字作为人类掌握的第一套体外化符号系统，大大加速了人类利用体外化媒体系统的进程。以我国汉字的载体而论，从早期的石壁、石器、陶器、青铜器，到甲骨、竹简和木简，再到后来的纸张，书写材料不断趋于轻便化，文字信息的传递越来越容易。道路的开拓，驿站、邮政设施的建立，也使得文字信息能够在越来越广大的区域内进行传播。

（3）印刷传播时代。

文字出现以后，人类经历了一个很长的手抄传播阶段。手抄传播效率低、规模小、成本高。在这种情况下，文字信息的生产规模很小，加上教育的普及程度低，文字传播基本上还属于政府、官吏以及统治阶层的特权。印刷时代的到来是建立在纸张和印刷术发明的基础之上的，这是中华民族为世界文明做出的两大贡献。印刷术的发明标志着人类已经掌握了复制文字信息的技术原理，有了对信息进行批量生产的观念。印刷机的出现迎来了近代报刊的诞生，伴随着读写能力的普及，印刷媒体开始在社会变革和社会生活中扮演越来越重要的角色。施拉姆指出："书籍和报刊同 18 世纪欧洲启蒙运动是联系在一起的。报纸和政治小册子参与了 17 世纪和 18 世纪所有的政治运动和人民革命，正当人们越来越渴求知识的时候，教科书使得举办大规模的公共教育成为可能。正当人们对权利分配普遍感到不满的时候，先是报纸，后来是电子媒体使普通平民有可能了解政治和参与政治。"施拉姆的这段话高度概括了印刷媒体的发展在社会政治、文化和教育领域中带来的巨大影响。

在 21 世纪的今天，印刷媒体已经高度普及，书籍、报纸、杂志等出版物作为人们每天获得信息、知识、娱乐的基本渠道之一，在社会生活的各个领域都发挥着重大的影响。20 世纪 80 年代以来，随着电子信息技术的飞速发展，激光排版、电脑编辑、网络传输等新的传播技术在印刷出版领域也得到了广泛的应用。

报刊的变革，首先体现在技术变革上，数字化编辑与远程印刷大大提高了报纸的生产速度和生产量，扩大了覆盖范围，彩色印刷和图文传真增加了报纸版面的可视性。其次，变革还体现在报纸种类的多样化上，日报、晚报、晨报、周报、国际性报纸、全国性报纸、区域性报纸、各种专业性报纸（如经济类、体育类）等，发展到今天可谓花样繁多。再次，多数国家报纸的发行量都呈现出下降的趋势，其特点是销量减少，广告市场份额降低，年轻读者减少，而且与广播电视和电脑相比，报刊的影响普遍下降。

（4）电子传播时代。

如果说印刷传播实现了文字信息的大量生产和大量复制，那么电子传播最重要的贡献之一就是实现了信息的远距离快速传输。1888年，德国物理学家海因里希·鲁道夫·赫兹在研究中证实了电磁波的存在。在此基础上，俄国科学家波波夫和意大利科学家马可尼各自通过独立的研究，于1895年发明了无线电通信（电报）。研究无线电通信的科学家随即把兴趣投向了新的领域，即如何利用无线电技术传送人的语言和声音。加拿大人雷金纳德·费森登首先获得了成功。1906年，新英格兰海岸附近的人们听到了人类历史上的第一声广播。20世纪20年代，最早的一批广播电台在欧洲出现。20世纪20年代末30年代初，无线电广播发展迅速，其新奇的节目、明星主持人和快捷的新闻吸引了大量的听众和巨额的广告，迅速成为与报纸、通讯社分庭抗礼的新大众媒体。第二次世界大战期间，广播的优势得到了充分发挥。罗斯福的重要演说、斯大林在莫斯科危急存亡之际的广播讲话，以及伦敦大轰炸、珍珠港事件、日本投降等新闻，都是通过广播第一时间传到世界各地的。

1926年，英国人贝尔德成功地完成了电视画面的播送及接收实验。1927年，他通过电话线实现了从伦敦至格斯拉哥的电视画面传送。1928年，他又成功地利用无线短波，将图像从伦敦送到了纽约，贝尔德被誉为"电视之父"。1929年，英国广播公司（BBC）开始试播电视，使用的是贝尔德发明的机械电视，播出的是无声图像。1930年，BBC播出了第一个声像俱全的电视节目。1936年，BBC在伦敦以北6英里（约9.66千米）处的亚历山大宫建立了世界上第一座电视台。第二次世界大战后，世界电视事业蓬勃发展。1950年出现了"彩色电视制式"。1960年通信卫星的发射和应用，更打破了广播、电视等传播的时空限制。

电子媒体为人类传播带来的变革不仅仅是空间距离和速度上的突破。从人类社会信息系统发展的角度看，电子媒体还在另外两个方面具有里程碑的意义：一方面，它形成了人类体外化的声音信息系统和影像信息系统；另一方面，它使人类在知识经验积累、文化传承等方面的效率、质量产生了新的飞跃。电子传播技术的发展，引领人类进入了一个全新的、前所未有的信息社会，传播媒体也进入了一个前所未有的整合和发展的新时代。

（5）数字传播时代。

1998年5月，联合国秘书长科菲·安南审时度势，在联合国新闻委员会年会上正式提出，互联网已成为继报刊、广播、电视之后的"第四媒体"。从此"第四媒体"一词成为最引人瞩目的字眼。由"第四媒体"引发的经济增长模式被称作"新经济"，目前正风靡全世界。之所以这样讲，是基于人们按照传播媒体的不同，把媒体的发展划分为四个阶段：以纸为媒体的报纸和杂志、以电波为媒体的广播、基于光电图像传播技术的电视，分别被称为第一、第二和第三媒体，互联网技术则被称为第四媒体。互联网的起源是美国国防部在1969年创办的一项工程，名叫阿帕网（ARPANET），开始用4台计算机互联进行试验，到1977年网络连接节点达到57个，连接各类计算机100多台。互联网发展至今，已经成为一个联通全球数百个国家和地区，拥有几十亿用户的动态网络。与发达国家相比，我国互联网的应用虽然起步较晚，但发展势头很猛。传播学者研究电子传媒从投入使用到拥有5000万用户所需的时间，广播用了38年，电视用了13年，有线电视用了10年，而互联网仅用了5年。种种数据都指向一个事实：伴随着人类社会迈进21世纪，互联网也将人类社会带入数字传播的新时代。互联网诞生后相当长一段时期内的功能只是传送文件和收发电子邮件。1994年1月，随着浏览器的推出，网上出现了包括音频、视频在内的多媒体。1995年8月，美国有线电视新闻网（CNN）建立了自己的网站，正式拉开了网络电视传媒的序幕。21世纪一开始，传统的电影、广播和电视节目在互联网上出现得越来越多：舞台剧、喜剧、连续剧，音乐节目、综艺节目、新闻节目、谈话节目……

从 1994 年，互联网在世界上崭露头角，到现在短短的几十年间，网络及其相关产业为全世界创造了巨大的财富。2004 年互联网广告的市场规模比上年增加了 759%，为 19 亿元，2005 年为 27 亿元，2006 年达到 40 亿元。进入 21 世纪以来，网络媒体迅猛发展，国际学界、业界对于网络媒体的研讨热火朝天。或许应了管理大师彼得·杜拉克（Peter Drucker）对互联网的判断，网络对文化的影响力比对经济大得多。无论如何，互联网的存在是不容忽视的。今天，人们在讨论媒体，尤其在研究无孔不入的广告媒体时，是不能不提到互联网这只怪兽的。我们今天的世界已经慢慢开始像离不开电话那样离不开网络了。互联网展现着其特有的活力，作用和影响与日俱增，"另类媒体"正快步成为"主流媒体"。虽然我们无法描述它的将来会发展成什么模样，正如传播学者大卫·亚伯拉罕逊（David Abrahamson）所说："对于未来的情况和互联网的发展，我们唯一能够确定的事情就是，我们对此一无所知。"但是我们现在唯一可以预见的是，互联网前程无量。

三、学习任务小结

通过本次课的学习，我们了解了媒体、广告媒体的概念，广告媒体的特征和发展历程。通过图片展示和实例讲解，同学们对广告媒体有了一定的理解。课后，希望同学们查阅资料，提高对新式广告媒体的认识。

四、课后作业

通过本节课程所学的内容，结合当下新媒体的技术发展，每位同学选出两种自认为最新的广告媒体，以 PPT 的形式讲解该媒体的优势。

学习任务

二

广告媒体的类型、特征

教学目标

（1）专业能力：了解广告媒体的类型、特征。

（2）社会能力：能通过课堂师生问答、小组讨论，提高学生的表达与交流能力。

（3）方法能力：资料收集、整理和自主学习能力，设计案例分析应用能力。

学习目标

（1）知识目标：掌握各类广告媒体的特点，了解各类广告媒体的优缺点。

（2）技能目标：能结合各类广告媒体的特征进行广告媒体设计。

（3）素质目标：能够站在广告媒体策划的角度对设计案例进行品评鉴赏，培养综合审美能力。

教学建议

1. 教师活动

通过展示大量精美的广告媒体策划图片，分析讲解实战设计案例，启发和引导学生的设计思维，培养学生对于本课程的学习兴趣，锻炼学生的自我学习能力。

2. 学生活动

在老师的指导下进行分组学习、讨论，加深对广告媒体的类型、特征的分析和理解。通过老师的讲解，分组对广告媒体设计进行展示和讲解，训练语言表达能力，提高总结思维能力。

一、学习问题导入

各位同学大家好！通过上次课的学习，我们对广告媒体的概念和发展历程有了初步的认知。本次课我们将进一步学习广告媒体策划的相关知识，了解广告媒体的类型和特征。让大家对广告媒体有一个更加全面的了解。

二、学习任务讲解

报纸、杂志、广播和电视这四种大众媒体，由于在广告传播中所占的比重和所起的作用都是其他媒体所无法比拟的，因此被称为四大媒体。此外，网络、户外、售点（POP）海报等媒体也是广告中常用的。每种媒体都有着不同的特点。

1. 报纸

报纸是人们了解时事、接收信息的主要媒体之一（图3-5）。在传统四大媒体中，报纸发行量较大，普及性较高。报纸广告几乎是伴随着报纸的创刊而诞生的。随着时代的发展，报纸的品种越来越多，内容越来越丰富，版式更灵活，印刷更精美，报纸广告的内容与形式也越来越多样化。报纸广告的主要特点如下。

（1）传播速度较快，信息传递及时。

大多数综合性日报或晚报出版周期短，信息传递较为及时。有些报纸甚至一天要出早、中、晚等好几个版，报道新闻非常快捷。一些时效性强的产品广告，如新产品和有新闻性的产品，就可利用报纸及时地将信息传播给消费者。

（2）信息量大，说明性强。

报纸作为综合性内容的媒体，以文字为主、图片为辅的形式来传递信息，其容量较大。由于以文字为主，因此说明性很强，可以详尽地描述，对于一些关注度较高的产品来说，利用报纸的说明性可详细告知消费者有关产品的特点。

（3）易保存、可重复。

由于报纸的特殊材质及规格，相对于电视、广播等其他媒体，其具有较好的保存性，而且易折易放，携带十分方便。

（4）阅读主动性。

报纸把许多信息同时呈现在读者眼前，增加了读者的认知主动性。读者可以自由地选择阅读或放弃哪部分；哪些地方先读，哪些地方后读；阅读一遍，还是阅读多遍；采用浏览、快速阅读，还是详细阅读。读者也可以决定自己的认知程度，如仅有一点印象即可，还是将信息记住、记牢；记住某些内容，还是记住全部内容。此外，读者还可以在必要时将所需要的内容记录下来。

（5）权威性。

消息准确可靠是报纸获得读者信誉的重要条件。大多数报纸历史长久，且由党政机关部门主办，在群众中素有影响和威信。因此，在报纸上刊登的广告往往使消费者产生信任感。

（6）注意度不高。

在一份报纸中，有很多栏目，也有很多广告，它们竞相吸引读者的注意。只有当你的广告格外醒目时，才容易引起人们的注意。否则，读者可能视而不见。

（7）印刷难以完美，表现形式单一。

报纸的印刷技术最近几年在高新科技的支持下，不断得到突破与完善。但到目前为止，报纸仍是印刷成本最低的媒体。受材质与技术的影响，报纸的印刷品质不如专业杂志、直邮广告、招贴海报等媒体。报纸仍需以文字为主要传达元素，表现形式相对于电视的立体、其他印刷媒体的色彩丰富，显然要单调得多。

2. 杂志

杂志是一种印刷平面广告媒体（图3-6），尽管与报纸广告相比，它缺乏时效性，而且覆盖面有限，但由于它精美的印刷，具有光彩夺目的视觉效果，故深受特定读者的喜爱。杂志种类繁多，出刊周期短的杂志种类最多，影响较大。杂志广告的主要特点如下。

图 3-5　报纸　　　　　　　　　　　　　　　　图 3-6　杂志

（1）读者阶层和对象明确。

杂志分类较细，专业性较强，有特定的读者群体。同类杂志的读者在喜好上大体相同，因此，广告文案的制作也容易得多。每一类杂志都拥有其基本的读者群，可以针对这些特定的读者进行精准的广告宣传。

（2）印刷精美，阅读率高，保存期长。

杂志的用纸较好，印刷比报纸精美，尤其是彩色广告，色彩鲜艳，引人注目，可以逼真地再现商品形象，激发读者的购买欲望。杂志广告大都用全页或半页，版面较大，内容丰富，图文并茂，便于广告信息的表达。另外，杂志相较广播、电视影响力更长久。广播电视节目一播即逝，而杂志可保存下来反复阅读，因此，杂志广告能反复与读者接触，加深人们的印象。

（3）版面安排灵活，颜色多样。

杂志的版面可分为封面、封底、封二、封三、扉页、内页、插页。颜色可分为黑白或彩色。版面大小有全页、半页，有时为了适应广告客户做大幅广告的要求，还可以做连页广告、多页广告，宣传效果更加显著。

（4）读者针对性强。

杂志内容有较大的倾向性、专业性，不同的杂志可以拥有比较稳定的读者群体。比如摄影杂志，读者以摄影行业和业余摄影爱好者为主，故有关摄影器材的广告登在摄影杂志上，可以有效地争取这些读者成为商品的顾客。

（5）知识性。

许多杂志的内容以专业知识和科普知识为主体，因而容易使读者对杂志阅读产生知识性期待。这与报纸的消息性一样，杂志的知识性也成为杂志广告的一个心理特性。

（6）重复性。

杂志的内容丰富多彩，长篇文章较多，读者不仅要仔细阅读，而且常常要分多次阅读，甚至保存下来日后再读。读者的多次翻阅增加了他们与杂志广告接触的机会，有利于在记忆中留下较深的广告印象。

（7）时效性差。

杂志是定期刊物，发行周期较长，有周刊、半月刊、月刊、季刊、半年刊、年刊等，因而影响广告的传播速度。时效性强的广告，如企业开张广告、文娱广告、促销广告等，一般不宜选用杂志媒体，否则容易错过时机，收不到广告效果。

3. 广播

由于科技的发展，新媒体不断出现，广播媒体面临着越来越多的挑战和冲击，然而广播有其优越性，只有充分地了解这些特性，才能扬长避短，进一步挖掘这一媒体的潜力。广播广告的主要特点如下。

（1）传播方式的即时性。

即时性是指广播广告传播速度快。广播可使广告内容在讯息所及的范围内，迅速传播到目标消费者耳中。不论身在何地，只要打开收音机，广告对象就可以立即接收到。如果因为广告策略、战术的临时调整而需要紧急发布某些广告讯息，例如发布展销会、订货会、折价销售等时效性要求比较强的供求讯息时，广播广告可以在数小时内完成播出任务，有时还可以做到现场直播。广播广告的即时性优势是其他媒体所无法取代的。

（2）传播范围的广泛性。

由于广播广告是采用电波来传送广告讯息的，电波可以不受空间的限制，并且广播的发射技术相对电视简单得多，所以广播的覆盖面积特别广泛，它可以到达全世界的每一个角落。

（3）收听方式的随意性。

收听广播最为简便、自由、随意。因为它不受时间、地点的限制，科技的进步使收音机越发向小型化、轻便化发展。

（4）受众层次的多样性。

广播可使文化程度很低甚至不识字的人也能听得到广告的内容，所以广播媒体的受众层次更加多样。我国文化教育事业还不发达的地区，仍有部分文盲和半文盲，而这一部分人又是任何广告主都无法忽视的消费群体。要想针对他们发挥广告的告知与说服功能，广播是非常合适的广告媒体。

（5）制作成本与播出费用的低廉性。

广播广告单位时间内信息容量大、收费标准低，是当今最经济实惠的广告媒体之一。同时，广播广告制作过程也比较简单，制作成本较低廉。

（6）播出的灵活性。

由于广播广告是所有媒体中制作周期最短的，而广告主要根据竞争对手的举动来调整自己的战术行动，做出快速反应，因此，广播广告就成为最方便、最得心应手的工具。报纸和电视广告除了制作过程较为复杂以外，刊播时段和版面一般都比较紧俏，需要提前预订，而广播广告在安排播出和调整时段上相对比较容易和灵活。

（7）激发情感的煽动性。

广播靠声音进行传播，诉诸人的听觉，它能给听众无限的想象空间，这也正是广播的魅力之所在。广播广告的特色正是通过刺激人的听觉感官，帮助听众产生联想，广播的声音是实在的、具体的，特别容易撩拨人的心弦，煽动人的情绪，而广告也常在这种情形中不知不觉地完成其传达与说服的功能。

4．电视

电视广告的主要特点如下。

（1）直观性强。

电视是视听合一的传播，人们能够亲眼见到、亲耳听到如同在自己身边一样的各种活生生的事物，这就是电视视听合一传播的结果。单凭视觉、单靠听觉、或视觉与听觉简单地相加而不是有机地合一，都不会使受众产生如此真实、信服的感受。电视广告的这种直观性，是其他任何媒体所不能比拟的。它超越了读写障碍，成为一种最大众化的宣传媒体。

（2）较强的冲击力和感染力。

电视是唯一能够进行动态演示的感性型媒体。因为电视媒体是用忠实的记录手段再现讯息的形态，即用声波和光波信号直接刺激人们的感官和心理，以取得受众感知经验上的认同，因此电视广告对受众的冲击力和感染力特别强，是其他任何媒体的广告所难以达到的。

（3）受收视环境的影响大，不易把握传播效果。

电视机不可能像印刷品一样随身携带，它需要一个适当的收视环境，离开了这个环境，也就从根本上阻断了电视媒体的传播。在这个环境内，观众的多少、距离电视机荧屏的远近、观看的角度、电视音量的大小、器材质量甚至电视机天线接收信号的功能如何等，都直接影响着电视广告的效果。

（4）瞬间传达，被动接受。

电视广告长度通常以5秒、10秒、15秒、20秒、30秒、45秒、60秒、90秒、120秒为基本单位，而最常见的电视广告长度为15秒和30秒。这就是说一则电视广告只能在瞬间之内完成讯息传达的任务，且受众是在完全被动的状态下接受电视广告，这也是电视区别于其他广告媒体的特点。

（5）费用昂贵。

一是指电视广告片本身的制作成本高，周期长；二是指播出费用高。就制作费而言，制作周期长，工艺过程复杂，不可控制因素多，都会影响电影、电视的制作，而电视广告片又比一般的电影、电视节目要求更高。通常广告片拍片的片比是100：1，可见仅是胶片成本一项，电视广告片就要比普通电影、电视剧超出很多倍，还有为广告片专门作曲、演奏、配音、剪辑、合成，都需要花大量的费用。就广告播出费而言，电视台的收费标准也很高。

（6）有较高的注意率，利于不断加深印象。

经济发达的国家和地区，电视机已经普及，观看电视节目已成为人们文化生活的重要组成部分。电视广告运用各种表现手法，让广告内容生动有趣，增加了受众观看广告的兴趣。电视广告既可以看，还可以听，容易引人注目，广告接触效果也较强。电视广告还可以通过反复播放，使受众不断加深印象，巩固记忆。

（7）利于激发情绪，增加购买信心和决心。

电视广告形象逼真，就像一位推销员上门推销一样，把商品展示在每个家庭成员面前，使人们耳闻目睹，对广告的商品容易产生好感，引发购买兴趣和欲望。受众在欣赏电视广告时，有意或无意地对广告商品进行比较和评论，通过引起注意，激发兴趣，统一购买思想，这就有利于增强购买信心，做出购买决定。特别是选择性强的日用消费品、流行的生活用品、新投入市场的商品，运用电视广告，更容易使受众注目并激发对商品的购买兴趣与欲望。

（8）不利于深入理解广告信息。

电视广告时间长度有限，要在很短的时间内连续播出各种画面，不能做过多的解说，会影响人们对广告商品的深入理解。因此，电视广告不宜播放需要详尽理解性诉求的商品，如生产设备类商品。一些高档耐用消费品在电视投放广告时，还要运用其他广告形式作补充详细介绍。

（9）容易产生抗拒情绪。

由于电视广告有显著的传播效果，运用电视广告的客户不断增多，电视节目经常被电视广告打断，容易引起受众的不满。

5. 户外广告

凡是能在露天或公共场合通过广告表现形式同时向许多消费者进行诉求，能达到推销商品目的的物质都可称为户外广告媒体（图3-7、图3-8）。户外广告可分为平面广告和立体广告两大类，平面广告有路牌广告、招贴广告、壁墙广告、海报、条幅等。立体广告有霓虹灯、广告柱、广告塔、灯箱广告等。在户外广告中，路牌广告、招贴广告是最为重要的两种形式，影响较大。户外广告的主要特点如下。

图3-7 户外广告1　　　　　　　　　　　图3-8 户外广告2

（1）对地区和消费者的选择性强。户外广告一方面可以根据地区的特点选择广告形式，如在商业街、广场、公园、交通工具上选择不同的广告表现形式，且可以根据某地区消费者的共同心理特点、风俗习惯来设置；另一方面，户外广告可为经常在此区域内活动的固定消费者提供反复的宣传，使其印象深刻。

（2）有较高的注意率。户外广告可以较好地利用消费者在公共场合经常产生的空白心理，给人留下非常深刻的印象，能引起较高的注意率，使其更易接受广告。

（3）具有一定的强迫诉求性质。即使匆匆赶路的消费者也可能因为对户外广告的随意一瞥而留下一定的印象，并通过多次反复而对某些商品留下较深印象。

（4）表现形式丰富多彩。特别是高空气球广告、灯箱广告，使户外广告更具有自己的特色，而且这些户外广告还有美化市容的作用，往往使消费者非常自然地接受。

（5）户外广告内容单纯，能避免其他内容及竞争广告的干扰，且户外广告费用较低。

但是，户外广告媒体也有其不足之处，主要表现如下。

（1）覆盖面小。由于大多数户外广告位置固定不动，覆盖面不会很大，宣传区域小，因此设置户外广告时应特别注意地点的选择。比如广告牌一般设立在人口密度大、流动性强的地方。机场、火车站、轮船码头等南来北往的流动人口多，适合做全国性广告。

（2）效果难以测评。由于户外广告的对象是在户外活动的人，这些人具有流动的性质，因此其接受率很难估计。而且人们总是在各种活动中接触到户外广告，因此注视时间非常短，甚至只有几分之一秒，有时人们在同一时间会接触到许多户外广告，所以要取得广告效果，就要做到让人们视觉暂留，这非常重要。

6. 售点广告

售点广告又叫 POP 广告，POP 是英文 point of purchase 的简称，二十世纪 30 年代出现于美国。目前，POP 广告以新的形式出现，而且倍受重视和广泛运用。现在的 POP 广告包括橱窗陈列，柜台、货架陈列，货摊陈列，还包括销售地点的现场广告，以及有关场所门前的海报、招贴等。随着无人销售形式的出现，尤其是超级市场的出现与普及，售点广告的功能也在逐渐扩大。售点广告是售点发布的各种广告，包装纸、说明书、霓虹灯、小册子、赠品、奖券等都属于售点广告，不过售点广告最主要的形式还是以商品本身为媒体的陈列广告。

售点广告按场合分为店外和店内两种。店外售点广告是使消费者认识店址，吸引消费者进入商店的广告，如招牌和橱窗。店内售点广告，是最接近消费者的广告，由柜台展示、货架陈列、地面展示、墙面广告、天花板装饰、商品包装、动态装饰等部分组成。

售点广告实际上是其他广告媒体的延伸，对潜在购买心理和已有的广告意向能产生非常强烈的诱导功效。美国有研究者发现，消费者在出门前已确定购买的商品金额只占全部销售额的 28%，而在销售现场由潜在意识发展为购买行为的商品则占 72%，可见，售点广告的作用是巨大的。其具体特点如下。

（1）售点广告能加深顾客对商品的认识程度，更快地帮助顾客了解商品的性质、用途、价格及使用方法。能诱发顾客的潜在愿望，形成冲动性购买，它不像其他媒体那样必须给人留下深刻印象和记忆才能产生购买行为。

（2）售点广告能增强销售现场的装饰效果，美化购物环境，制造气氛，增进情趣，对消费者起着诱导作用，是无声的推销员。

（3）售点广告的表现形式和真实度都是其他媒体不可比拟的，这类广告一般更重视实物的展示，能补充四大媒体的不足，使抽象的、仅仅是印象的商品成为活生生的实物。

（4）售点广告设计一次，可长期使用，能节省宣传费用。

7. 网络广告

自 1994 年 10 月 4 日，美国著名的《热线杂志》（Hotwired）首开网络广告先河以来，网络广告就迅速席卷全球，成为当今最为热门的广告宣传形式（图 3-9）。随着全世界网络用户的增多，电子商务的迅猛发展，网络广告高速度阔步前进。网络广告的主要特点如下。

（1）特殊性。

互联网作为一种媒介，有其特殊性。网络广告必须深入研究目标受众群体的心理需求，才能有的放矢，实现预期的广告目标。

（2）互动性。

网络广告的互动性决定了网络广告和电视广告不一样，电视广告可以强迫收看，但是网民浏览一个网站的时候，是有目的性的，所以要深入研究消费者的心理，充分吸引网民的无意注意。

（3）超大信息容量。

一般而言，一个网站会有数百个网页。网页信息采取非线性文本形式，通过链接方式将不同的网页互相链接起来，组合成一个有机的整体。更为关键的是，网络广告所负载的信息，可以由广告受众自主选择。消费者强烈的主动性及强大的信息量要求广告策划人员要深知消费者的需要，根据不同类型消费者对信息进行分类，以便使广告受众深入点击，获取更多的广告信息，提高广告的传播效果。

（4）吸引有意注意程度。

网络广告是一种非强迫性传播，它不像电视、广播、报纸、户外广告等具有强迫性，想方设法吸引人们的视觉和听觉，将有关信息塞进受众的脑子，打动人们的无意注意。网络广告作为一种传播活动，其独特的交互性主要吸引的是人们的有意注意并力求调动人们的自觉性和主动性。即在一般媒体上，广告找人看，在网络媒体上，人找广告看。

（5）引起兴趣、满足需要程度。

互联网是一个分众媒体，它提供的是一种双向的沟通方式，能将信息按照用户的个人情况和需求进行个性化定制。人们在互联网上是一种自助的信息消费行为，信息的选择和使用完全按照用户个人的兴趣和需要而决定。只有引起消费者的兴趣，满足消费者的某种现实需要或潜在需要的网络广告才能一步步吸引消费者深入了解，接受广告信息。因此，是否引起消费者的兴趣，满足消费者的需要是关系网络广告成败的一个重要因素。

（6）易辨认、易识别程度。

网络广告最根本的特性是互动性，互动性广告的重点应在于互动信息的传递。超大信息容量是网络广告优于传统媒体广告的一个十分突出的特点。面对庞大的信息量，如何使消费者辨认、理解这些信息，提取自己所需要的信息，这是评价一则网络广告不可或缺的指标。

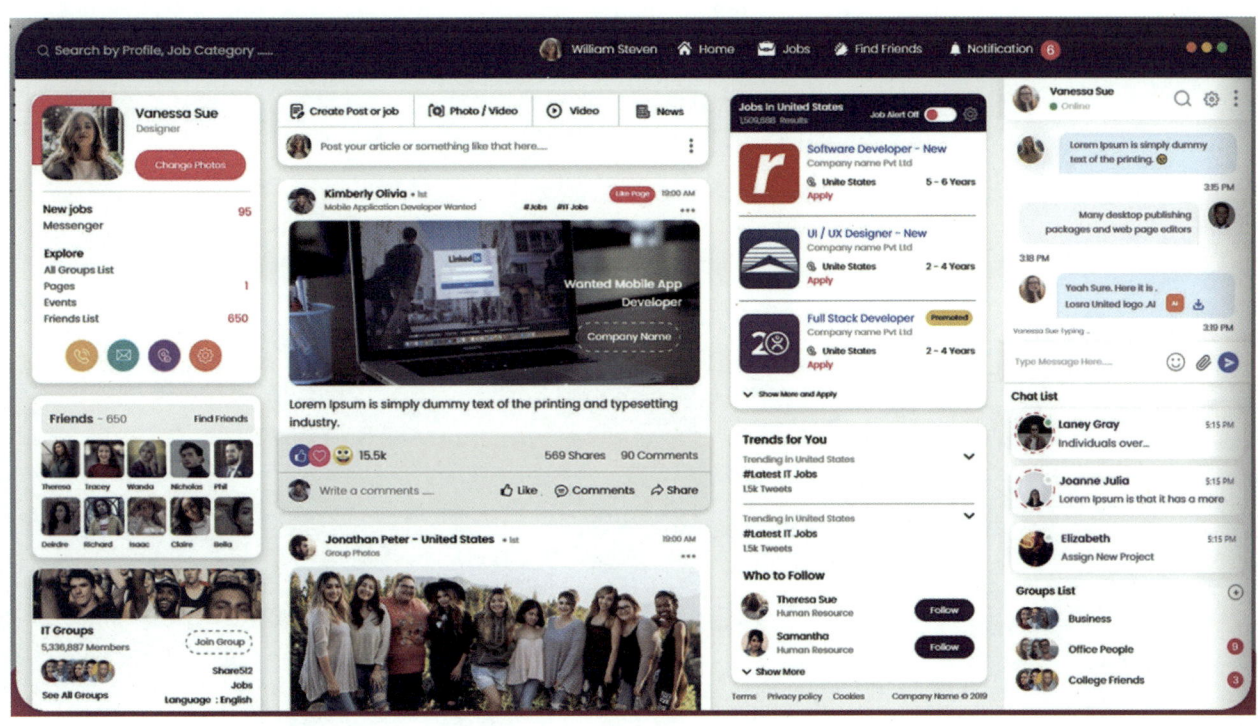

图 3-9　网络广告

（7）信息的针对性、亲和力。

网络互动广告一对一模式要求信息传播的个人化，让每个接触广告的人都感到广告产品是专门为自己准备的，让广告信息走到每个人身边，贴近每个人的心，想其所想，爱其所爱。因此，广告信息是否有针对性，是否具有亲和力应是网络广告心理效果测评系统中的一个重要指标。例如淘宝、抖音等网站都会利用客户搜索信息的大数据精准地推送商品广告。

（8）引起在线购买程度。

网络广告是一种针对目标市场进行广泛劝说的传播活动，和其他大众传播方式相比，网络广告有更明确的广告对象。网络技术还可以帮助广告主选择用户、跟踪用户，多方面掌握用户资料，做到有的放矢，因此网络广告是一种极富针对性的促销行为。网络这种全天候、全球性的市场交流媒介，不仅能建立品牌认知度，还能吸引受众来打量产品，促成购买，并提供售后服务和售后支持。所以网络广告是否能引起人们的直接在线购买行为也是评价网络广告的重要指标之一。

三、学习任务小结

通过本次课的学习，同学们已经初步了解了广告媒体的类型和特点，对广告媒体策划基础知识有一定的认识。同学们课后还要通过自身实践练习和对国内外优秀广告媒体策划作品案例的鉴赏，总结概括广告媒体策划知识，全面提升自己的综合审美能力。

四、课后作业

收集国内外优秀的广告媒体策划案例（每种广告媒体类型至少收集 5 个案例），以 PPT 的形式，分小组进行讨论和汇报。

学习任务 三

广告媒体评估

教学目标

（1）专业能力：理解广告媒体评估的基本模块和相关内容。

（2）社会能力：通过课堂师生问答、小组讨论，提高学生的表达与交流能力。

（3）方法能力：分析、评估能力，实践操作能力。

学习目标

（1）知识目标：掌握广告评估的方法。

（2）技能目标：能从优秀的广告媒体评估案例中总结方法和技巧。

（3）素质目标：能通过鉴赏优秀的广告媒体策划作品，提升专业兴趣，提高设计技术能力。

教学建议

1. 教师活动

（1）前期收集优秀广告媒体评估案例，运用多媒体课件、教学视频等教学手段，进行知识点讲授和作品赏析。

（2）深入浅出、通俗易懂地引导学生对优秀广告媒体策划作品进行分析并讲解设计要点与方法。

2. 学生活动

通过分组，利用团队合作分析广告媒体评估的方向，认真听课，观看作品，加强对广告媒体评估的感知，学会欣赏，积极大胆地表达自己的看法，增强团队协作意识。

一、学习问题导入

同学们，通过之前的学习，我们了解了广告媒体的类型和特点，对广告媒体策划有了一定的认识，大家在课后对国内外优秀的广告媒体策划作品案例进行了学习，并对相关案例进行了收集整理和小组讨论。今天我们一起来学习广告媒体评估的知识。

二、学习任务讲解

在广告活动中，绝大部分费用是用来购买媒体的时间和空间的，如果媒体选择不当或组合不当，会造成广告费用的极大浪费。因此，广告媒体评估是做好广告媒体策划的前提。

广告媒体评估一般包括量的评估和质的评估。

1. 量的评估

量的评估是指从定量的角度来评估媒体，评估指标一般包括媒体的到达率、频次和每千人成本。

（1）到达率和频次。

到达率是指在特定的期间内，暴露于某一广告排期表下的至少一次的目标受众占所有目标广告受众的比率。广播、电视的到达率通常以四周期间表示，杂志、报纸的到达率通常以某一特定发行期经过全部读者的寿命期间作为计算标准。

频次是指在一定期间内，目标广告消费者对同一广告接触的平均次数。消费者的接触频次不同，所产生的广告效果也不同。因此，广告必须通过次数的累积，使信息一再重复才能达到效果。

有效频次是指对消费者达到广告诉求目的所需要的广告露出频率。广告的有效频次在过去传统认定以 3 次为有效频次的低限，事实上，针对不同品类、市场、竞争、媒体环境及创意等，在媒体有效频次上皆有不同的界定。如竞争激烈的品牌比竞争和缓的品牌所需有效频次高，新品牌比已经成功建立的品牌所需有效频次也要高。

有效到达率是指在某一期间内，一定次数（有效频次）以上接触了同一广告信息的目标对象所占的比重。到达率和频次共同决定了一个媒体计划相对于另一个媒体计划的强度，其强度可以用毛评点来衡量：毛评点 = 到达率 × 频次 (GRP=R×P)。因此，到达率和频次是互为反比的，在一定的广告媒体预算中只能强调其一，当到达率被强调时，对那些低价位产品、时尚产品和新产品信息是有效的；当频次被强调时，对复杂的广告信息和与强大的对手竞争时是有效的。当有效到达率与有效频次都达到一定水平时，广告效果才能实现。企业必须根据自身的广告策略处理好有效到达率与有效频次之间的关系，从而以可供支配的有限资源达到最大的广告传播效果。

（2）每千人成本。

每千人成本简称 CPM(cost per thousand)，是由某一媒体或媒体广告排期表所送达 1000 人所需的成本。它明确地显示出在某一媒体发布广告的直接效益，一般来说，每千人成本较低，成本也较低。做媒体计划时一定要注意不能因为选择成本较低的媒体而忽视其传播效果。一般来说，每千人成本与广告传播效果无法直接比较，成本较高的媒体其传播效果不一定都好。因此，应综合比较分析媒体的各种特性，在不超出广告预算情况下，尽量使各类媒体发挥其更好的效用。

CPM 常用于同类媒体中两种媒体的比较（如杂志和杂志）或两类媒体的比较（如杂志与电视），其计算公式为 CPM=（广告费用 / 到达人数）×1000。两种同类媒体的 CPM 比较如表 3-1 所示。

表 3-1 杂志 A 和杂志 B 的 CPM 比较

	每页广告成本 / 元	读者到达人数		每千人成本 (CPM)	
		妇女	18~49 岁	妇女	18~49 岁
杂志 A	70148	18460	10900	3800	6436
杂志 B	43216	11680	9510	3700	4544

2. 质的评估

质的评估是指从定性的角度来评估媒体不可计量的方面。一般包括以下几点。

（1）媒体的地域特性。

不同的媒体有其不同的发行地域范围，如全国性媒体和地方性媒体，像上海地区《新民晚报》具有压倒性的优势，且具有多方面的消费群，读者一般习惯在晚上阅读；广州地区《广州日报》具有较大优势，消费者常在早晨阅报，而《南方周末》拥有自己独特的读者——知识分子。广告媒体的受众构成及对象阶层在各地区的接触状况直接影响着广告效果的实现。各地区受众不同，商品的购买力不同，对该类广告的关注度也不同。如果媒体的覆盖面主要是购买力弱的地区，将导致需要与购买的偏低。

（2）媒体受众的特性。

不同的消费者因价值观、性格特征、兴趣爱好、生活习惯不同，对媒体的接受能力和接受习惯也不尽相同。几乎所有的媒体都有其独有的受众群，每种媒体还有不同层次的消费群，有不同的渗透率，如晚间电台广播拥有大批学生听众，时装杂志大部分是女性读者。媒体受众群的心理特性不同，对广告信息的接触选择也表现出相当大的差异，从而影响广告传播效果。

媒体受众特性是否与广告受众特性相一致决定了广告传播效果的实现。当媒体受众特性与广告受众特性之间出现大的偏差时，商品知名度将无法集中于最有销售潜力的消费群，无法针对具有销售潜力的阶层进行诉求，导致购买率低。

（3）受众对媒体内容的关注程度。

受众对媒体内容的关注程度是指受众对媒体内容的收看、收听频次及连续性，主动选择收看、收听或被动参与收看、收听，节目的喜欢程度及错过收看、收听的失望程度等。受众对广告的关注度与对节目的关注度存在着依附关系，某著名广告公司在中国做的一项媒体研究报告指出，关注度较高的节目相对于一般节目，消费者收看广告的意愿平均提高了近 50%，广告记忆度也平均提高了 30%，这证明了媒体内容的质量对广告效果具有较大影响。

节目质量决定着受众对媒体喜好的程度，在受众接触媒体时，看、细看、盯着看有着截然不同的效果。节目类型决定着受众的范围，不同的受众对于不同的节目所表现的态度不一样。节目形式决定着受众被影响的深度，在媒体作业中，同样的关注度、收视率的节目又因节目的形式可呈现出不同的广告传播效果。

（4）媒体符号环境。

一个广告周围的新闻（节目）和其他广告内容以及这些新闻（节目）和广告在媒体产品中的时间编排、版面设置，构成了该广告的媒体符号环境。媒体为广告提供的不仅仅是时间和版面，还提供了其赖以生存的"符号环境"。广告的媒体符号环境对于广告的传播效果有着直接的影响，一则有好的创意却不能与环境相协调的广告，是难以收到好的广告传播效果的。广告的媒体符号环境之所以能影响受众的注意与接受程度，正是由于媒体符号的结构性因素影响受众心理的内部结构发挥着作用。

①媒体内容。

媒体内容影响受众对于广告内容真实性的认可度。当新闻（节目）的内容与广告诉求趋于一致的时候，受众的认可度会提高；反之，当二者相冲或相违背的时候，受众的认可度就会降低。

媒体内容影响受众的情绪和心境。声音、图像符号是从听觉、视觉上激活受众的情绪来达到效果，为人们的情感想象提供了较大空间，受众的情绪和心境通常受媒体内容的影响，这些又反过来影响受众对信息的评价和回忆。当广告与周围的媒体内容相冲突时，受众有可能因不协调感而对广告诉求产生漠然甚至抵触情绪，这样极不利于广告传播。

②广告干扰度。

广告干扰度是指广告版面或段落长度占媒体本身内容的比率。众多的广告在一定的时间里集中"轰炸"消费者，因此形成了广告信息强度彼此互相干扰和抵消的现象。广告所占的比率越大，干扰度就越大，记忆需要的时间越长，传播效果就越差。一个媒体中广告越多，分配到某一特定广告信息的回忆就越少，这种干扰效应会导致信息提取的失败。广告干扰通常分两种情况：一是直接干扰，即相同品类的广告相互之间的干扰；二是间接干扰，即所有品类的广告挤在一起所形成的相互干扰。广告创意和广告位置都会造成对广告的干扰，比如电视节目结束后还没来得及转台的前几条广告位置和节目开始前的倒数几条广告位置与其他位置的广告传播效果是不一样的。

③广告的时间编排、版面设置。

广告的时间编排、版面设置把握不好会导致同质或异质广告之间互相干扰，同质广告互相干扰包括同类产品广告被不加区别或区别很小地列在一起或同一时间播出，连续地传达给受众，从而引起记忆混淆。例如哈尔滨制药集团的"严迪""盖中盖"药物广告片都使用同一个男主角，都采用医学专家讲述药效的表现手法，二者的编排过程相似，会造成受众提取信息的困难。异质广告互相干扰主要是指内容相悖的广告被安排在一起，如将食品广告与治疗皮肤病的药品广告放在一起，会不同程度地抑制受众对广告的接受度。

广告的排列位置影响受众对信息的接收。心理学家艾宾豪斯在解释人的快速遗忘时发现了"前摄干扰"和"后摄干扰"。前摄干扰和后摄干扰在影响受众接收信息时的直接表现是：当一系列内容相似或相关的信息被连续地传达给受众时，受众往往只对最前或最后的信息印象深刻，对于系列的中间部分则极易淡忘。因此广告在编排时应避免内容相似或相关的信息连续排列，以免记忆被干扰。

有研究表明，广告的顺序对听觉信息（如广播广告）的影响比对视觉信息的影响更大。当只给出两条竞争性信息时，在培养高级认知的过程中，首先的信息更具影响力即首因效应，而在信息简明扼要的情况下，后者影响力更大即近因效应。

④使用特殊版面。

使用特殊版面能大大增强传播效果，这就要求在做媒体计划时多考虑运用一些异型创意类广告表达方式来引起受众的注意。例如在头版登整版广告、在黑白版上登彩色广告、新闻里的孤岛广告、在方形纸上登圆形的广告等。如中国网通推出的广告口号为"由我天地宽"的系列报纸广告在刊载时，采用两张半版横向连接，广告作品居中横跨在两个全版中间，上下依然是报纸本身的报道。既加深了"宽"的概念，也表现了中国网通的庞大气势。

（5）媒体的形象、地位、风格和广告环境。

媒体本身的形象吸引具有相同心理倾向的受众，对具有类似形象的品牌或创意具有较高的媒体价值；媒体在类别里所占的地位也对广告传播效果有影响，领导地位的媒体对受众的说服效果也较强；媒体载具的信誉好、社会地位高，有助于提高广告商品的可信任度，可以借媒体的地位和信誉说服目标消费者。因为媒体在某方面的知识和专业技术，消费者会认为他们在特殊行业杂志中看到的广告比一般行业杂志中看到的广告更具有可信任度。

不同的媒体会有不同的属性和风格，有的媒体内容活泼、轻松，有的媒体内容严肃、刻板，媒体的风格应与广告主的产品或属性相一致或接近，不同风格的户外广告如图 3-10 和图 3-11 所示。

图 3-10　户外广告 1

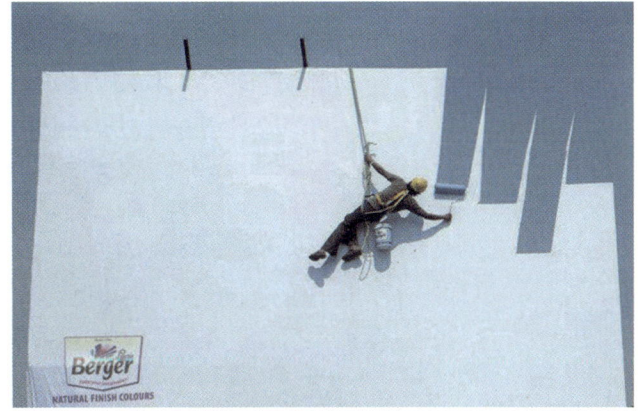

图 3-11　户外广告 2

媒体的广告环境是指媒体承载其他广告呈现的媒体环境，如果媒体中其他广告都是形象较好的品牌或品类，受媒体环境影响，该品牌也会被归为同等形象的品牌。

（6）媒体与广告产品、创意的相关性。

媒体与广告产品、创意的相关性是指产品类别或创意内容与载体本身在主题上的相关性。比如运动类商品和体育类媒体，该类媒体受众一般都是体育爱好者，对运动类商品比较感兴趣，对该类广告的关注度也比较高，而营养保健品的广告受众主要是中老年人，选择一些健康杂志、报纸或电视、广播栏目进行发布效果比较好。

创造产品、创意与媒体的相关性，也是提高广告传播效果的有效方法。比如要宣传商品的蓝调特点，可以在各类杂志广告中使用"刊中刊"即"蓝色魅力特辑"，用各种物品表现蓝调特点，既保持了杂志的固有风格，还增强了特辑与产品的相关度，如在《时尚家居》中选择一系列蓝色的家居小摆设；《旅行家》将读者带到蓝天碧海中，享受蓝色大自然的恬适宁静；《车王》选择最新款的汽车及周边产品演绎蓝色，既体现了速度与力量，也不失时尚与品味；《科技新时代》精选蓝色的计算机配件；《风采》和《世界都市》则选用最新的蓝色时装、化妆品、手表、手袋等。

三、学习任务小结

通过本次课的学习，我们了解了广告媒体评估的相关内容，主要包括量的评估和质的评估。同学们要提高对各类媒体的分析能力，学会欣赏优秀广告作品并从中体会广告媒体评估的要点。课后，同学们要多欣赏和分析不同类型广告媒体的表现形式，理解广告作品的创作需求和设计思维，深入挖掘广告作品的实用价值和文化内涵，全面提高自己的设计审美及表达能力。

四、课后作业

拟定一个广告项目，对相关资料进行调研收集，写一份《广告媒体评估报告》，并以 PPT 的形式完成作业。

学习任务

四

广告媒体组合

教学目标

（1）专业能力：理解广告媒体组合的方法和意义。

（2）社会能力：能通过学习小组的案例设计与分析、讲解，提升学生的表达与交流能力。

（3）方法能力：市场调研能力、资料整理和归纳能力、自主学习能力。

学习目标

（1）知识目标：掌握广告媒体组合的方法。

（2）技能目标：能够从优秀的广告媒体组合中总结设计的方法和技巧。

（3）素质目标：能通过鉴赏优秀的广告媒体组合作品，提升专业兴趣，提高设计技术能力。

教学建议

1. 教师活动

（1）收集优秀广告媒体组合作品，运用多媒体课件、教学视频等多种教学手段，进行知识点讲授和作品赏析。

（2）深入浅出、通俗易懂地引导学生对优秀广告媒体组合作品进行分析并讲解设计要点与方法。

2. 学生活动

认真听课，观看作品，加强对广告媒体组合作品的感知，学会欣赏，积极大胆地表达自己的看法，与教师形成良好互动。

一、学习问题导入

同学们，今天我们学习广告媒体组合的相关知识。在学习广告媒体的过程中，我们也许有这些疑问，该在什么情况下使用户外媒体？该在什么情况下使用电视媒体？该在什么情况下使用报纸媒体？其实，在广告活动中只使用一种媒体的情况比较少，多数情况下，需要调动多种广告媒体共同发布、协同作战、制造声势，这就涉及我们今天要学的知识——广告媒体组合。

二、学习任务讲解

1. 广告媒体组合的概念

广告媒体组合是指在一定的时间段里应用两种以上不同媒体或同一媒体应用两种以上不同的发布形式、不同发布时间的组合状态。广告媒体组合包括媒体载体的组合和媒体单元的组合。组合原则是对不同类型的媒体进行综合比较，选择合适的广告媒体渠道，并对各种媒体进行合理搭配，各取所长。

2. 广告媒体组合的意义

广告媒体组合是广告媒体战略的核心。运用广告媒体组合策略的主要意义以下。

（1）增加总效果（GRP）和到达率。

单个媒体对目标市场的到达率是不高的，即使是覆盖范围较大的媒体，也不可能将广告信息送达到目标市场的每一个人。所以，运用单个媒体会导致目标市场内的许多消费者未能接触到广告信息。如果运用媒体组合，同时利用两个或两个以上的媒体，就能把不同媒体的受众组合起来，使广告影响更多的目标受众。

（2）弥补单一媒体传播频度的不足。

有些媒体的传播寿命较长，有些媒体的传播寿命较短，这就影响到受众对媒体广告的接触程度。只有增加传播的频度，使目标消费者能够多次接触到广告信息，才能取得较好的传播效果。有些媒体因广告的费用太高，难以重复使用。选择多种媒体进行组合运用，就能使受众在不同媒体上接触到同一广告内容，增加了传播频度，强化了重复效应。

（3）整合不同媒体的传播优势。

某些媒体固有一些特性，如电视具有形象性和直观性，报纸具有时效性和说明性，广播具有灵活性和廉价性，杂志具有选择性，直邮广告具有直接性和直观性，销售点广告具有现场性等。但同时这些媒体也各有一些不足和缺陷，如费用高、时间慢、选择性差等。

通过组合，使媒体所具有的特性有机地结合起来，既使媒体特长得到发挥，又可弥补媒体缺陷。如电视和报纸组合，电视收视率一般比较高，影响较大，能够获得较理想的认知效果，报纸可以详细地介绍有关商品或劳务的信息，帮助目标消费者加深理解。这样，就使认知促进和理解促进有机地结合在一起，增加广告的重复率和累积度。

（4）减少成本，增加效益。

广告媒体组合不是对媒体的简单排列，而是经过有机整合，发挥各种媒体特长，弥补不足的过程。组合后能够发挥整体效益，许多企业就可利用媒体组合的整体优势，在资金有限的情况下，组合多种媒体，形成一定广告阵势。如电视虽然有较强的传播效果，但广告制作费用高，播出费昂贵，一般企业难以承受，但是如果运用多种类型的其他媒体，配合促销活动，花钱不多，也能达到较好的效果。

3. 广告媒体组合的方法

（1）广告媒体载体的组合。

广告媒体载体的组合即对具体媒体进行组合。可以在同类媒体中进行，也可以在不同的媒体中进行；可以把自用媒体和租用媒体结合起来，也可以以租用媒体为主进行组合，常用的广告媒体组合形式如表 3-2 所示。

①同类媒体组合。把属于同一类型的不同媒体组合起来使用，刊登或播放同一广告，就是同类媒体的组合运用。例如把同属于印刷媒体的报纸与杂志组合，把全国性报纸与地方性报纸组合等。

②不同类型的媒体组合。这是经常采用的一种方案，如把报纸与电视组合，把报纸与广播、电视组合等。这种组合，不仅能扩大接触的范围，而且可以有效地调动目标对象的感官。

③租用媒体和自用媒体组合。把需要购买的大众传播媒体与企业自用的促销媒体进行组合，如通过报纸、电视发布广告，同时还利用企业自备的销售点广告相配合。

表 3-2　常用的广告媒体组合形式

序号	常用组合形式	特点	效果
1	电视＋报纸	电视传播速度快，冲击力强，报纸信息量大，目标消费者集中	使品牌认知和产品功能得到同步发展，有利于整体形象的提升，促进销售
2	电视＋广播	电视传播速度快，冲击力强，影响力大，广播收听群体集中	提高品牌认知和消费者的兴趣，强化产品特性，吸引注意力
3	电视＋户外媒体	电视传播速度快，冲击力强，户外广告具有醒目、强化的作用	使电视媒体效果得到延伸，增强销售上的提醒、强化功能
4	电视＋杂志	电视冲击力强，形象生动，杂志目标消费者集中	树立品牌形象，全面说明产品功能，影响潜在消费群，延续产品生命力
5	电视或报纸＋POP	电视冲击力强，形象生动，POP 广告直观性强，可以激发消费者购买欲望	营造销售气氛，提醒消费者购买已有印象或已有购买欲望的产品
6	电视或报纸＋直邮	以直邮广告为开路先锋，作试探性广告宣传，再利用电视和报纸广告作强力推销	先弱后强，分步推出广告，可以取得大面积的成效
7	报纸＋广播	使各种不同文化程度的消费者都能接收广告信息	扩大目标消费群，提升受众购买兴趣和欲望
8	报纸＋杂志	利用报纸的影响力，配合杂志广告稳定市场，利用报纸进行地区性信息传播，借助杂志广告做全国性信息传播	直接推动销售，形成相对稳定的目标群体，影响潜在消费群体

（2）广告单元的组合。

广告单元指发布广告的媒体的具体时间、版面等基本单元，要在选择组合媒体的同时进行广告单元的组合。常见的广告单元组合如表 3-3 所示。

4. 善于运用不同媒体

运用多种媒体推出广告时，要善于筹划，深入分析媒体组合所产生的效果，在进行优化后，使组合的媒体发挥整体效应。

案例一：脑白金的媒体组合策略。

脑白金保健品曾经在国内市场上刮起阵阵旋风，在两三年内，创造了十几亿元的销售奇迹。如果按人均每瓶消费计算，全国有三四千万人吃过脑白金，脑白金的成功靠的是什么？脑白金的媒体组合策略追求最有效的途径、最合适的时段、最优化的组合，不求全但求到位。脑白金最早以报纸媒体、宣传册为主导启动市场，以终端广告相辅助。之后，随着产品逐渐进入成长期，其媒体投放开始发生变化，报纸、电视广告成为重要的媒

表 3-3　常见的广告单元组合

序号	常用组合方式		特点	效果
1	电视单元	时段组合	电视台的时段分为黄金时段、一般时段和特殊时段。组合方式有：黄金时段＋一般时段；黄金时段＋特殊时段。在产品的初始阶段，一般选择黄金时段做产品诉求；在产品成熟阶段，选择黄金时段做品牌诉求，一般时段做产品诉求	合理利用黄金时段、一般时段和特殊时段的有效组合，一方面可以达到预期的目的，另一方面也可以有效节省资源
		栏目组合	一般有同台（频道）、多台（频道）的组合。如同台（频道）的多栏目组合，多台（频道）相关栏目组合，多台（频道）的不同栏目组合。栏目组合的关键是针对消费者的选择	一方面尽量影响潜在消费群体，另一方面加强对目标群体、特殊群体的影响，可以使广告投放有的放矢，达到更理想的效果
		广告长度组合	广告长度一般分为五种：30秒以上的广告宣传全面、明确的企业特点、产品功效和品牌形象；30秒的广告简洁地宣传企业特点、产品功效和品牌形象的主要方面；15秒的广告只强调企业特点、产品功效和品牌形象的某一方面诉求；10秒的广告侧重某一方面的重点说明；5秒的广告重点突出某一点（品牌名或口号）	在产品的初始阶段，需要时间长的广告使消费者对产品有深入的了解，时间组合一般以30秒或30秒以上为主，15秒、10秒、5秒为辅进行广告投放；在产品成熟阶段，则选择15秒、10秒、5秒广告为主，30秒或30秒以上为辅，主打产品品牌和形象
2	报纸单元	版面组合	大尺寸版面（整版或半版）与中尺寸版面的组合	通过大版面提升品牌的知名度和形象
			中尺寸版面与小尺寸版面的组合	在产品诉求阶段多为理性产品采用
		版面＋版位组合	热门版位与中尺寸版面的组合	热门版位多为提升产品形象与促销活动时采用
			一般版位与小尺寸版面的组合	适合告知信息、培训、医疗、招聘等一般综合信息

体组合，宣传册成为集团购买与传播产品知识的主力媒体。脑白金的媒体组合策略分为三个阶段，即市场启动阶段（试销期）和市场成长阶段及市场成熟阶段。

　　在市场启动阶段，脑白金基本以报纸媒体为主，选择某城市的1~2家报纸，以每周1~2次的大块新闻软文集中火力展开攻势，随后轮番刊登十余篇功效软文，并辅以科普资料佐证。这样的软文组合，一个月后就收到了效果，市场反响强烈。

　　在市场成长阶段，脑白金媒体重心向电视广告转移。电视广告每天滚动播出，不断强化产品形象，广大中老年人有更多的机会接触电视，接受产品信息。脑白金的电视广告分为三种版本：一为专题片；二为功效片；三为送礼片。三种版本广告相互补充，组合播放，传播效果更是不同凡响。

　　在市场成熟阶段，脑白金有8部专题片，每天播放的科普片不重复。一般在黄金时段、亚黄金时段播放一次。其送礼广告，更趋向于黄金时段，强调组合使用，体现系列性和时间上的错开排播。

　　户外广告也是脑白金中后期新增的媒体亮点，如户外横幅，同时还辅以车贴、车身广告、墙面广告，让脑白金随处可见。脑白金宣传策略的时段性、时效性极强，市场启动期和市场拓展期不同，销售的淡季、旺季也不同。如节假日着重宣传礼品概念，非节假日宣传功效，其媒体组合也进行相应调整。适时而变，顺时而推，整合不同时期，力争做得更好。

5. 媒体组合应注意的问题

　　（1）要能覆盖所有的目标消费者。

　　把选中的媒体排在一起，将覆盖域相加，看是否把大多数目标消费者纳入了广告影响的范围之内，即媒体能否有效地触及广告的目标对象。还可用另一指标来衡量，即将媒体的针对性相加，看广告目标消费者是否能接收到广告。如果这两种形式的累加组合，还不能够保证所有的目标消费者接收到广告，就说明媒体组合中还存在着问题，需要重新调整。但是也要注意，媒体覆盖的范围不能过多地大于目标市场的消费者，以免造成浪费。

（2）选取媒体影响力的集中点。

媒体的影响力主要体现在两个方面：一是量的方面，指媒体覆盖面的广度，即广告被接触的人数越多，影响力越大；二是质的方面，指针对目标消费者进行说服的深度，即媒体在说服力方面的效果。组合后的媒体，其影响力会有重合。重合的地方，应是企业的重点目标消费者，这样才能增加广告效果。如果媒体影响力重合在非重点目标消费者上，甚至是非目标对象上，就会造成广告经费的浪费。因此，要以增加对重点目标消费者的影响力为着眼点，确定媒体购买的投入方向，避免浪费。

（3）与企业整体信息交流的联系。

企业要实现营销目标，就要运用营销策略，进行多种营销策略的组合。广告的媒体组合要与营销策略组合保持一致，要符合整合营销传播的要求，还要注意与企业公共关系战略相互配合。善于运用各种媒体，发挥整体效用。

案例二：飞利浦印度推广剃须刀。

在印度，飞利浦电动剃须刀有较高的知名度，但男士电动剃须刀的销售量却不乐观。问题在哪里呢？市场调研分析显示，高知名度、低销售量的原因在于消费者对电动剃须刀的两个误解：使皮肤粗糙和剃不干净。

飞利浦的产品广告创意并没有针对这个误解传递信息，且市场状况没有给飞利浦时间来修改广告创意，只能通过调整原来的媒体投放策略来弥补。原来飞利浦的媒体投放策略是：主投电视，用 30 秒电视广告来获得每周 60% 以上的到达率。修改后的媒体计划决定以产品演示来消除消费者对电动剃须刀的误解，安排 40 天的高密度产品演示。

新的媒体策略稍微降低电视广告的投放比重，用报纸首页广告来传递演示的信息，并列出演示点的详细地址。所有媒体都集中投放在从周五晚上到周日早上的时间。在广告花费基本不变的情况下，新的媒体策略使飞利浦电动剃须刀的销售量增长了 10 倍，投资回报率比过去提高了 5 倍。

表 3-4 所示为玛格丽特 - 赖尔（美国）所著《媒体选择备忘录》中提到的主要媒体效果比较。

表 3-4　主要媒体效果比较表

项目	电视	电台	杂志	日报	户外
目标传达（18 岁以上妇女）	A	A	A	C	C
创造情绪的能力	A	C	B	C	D
消费者参与媒体	A	B	B	C	C
视觉特征	A	D	B	C	B
都市集中	A	A	B	A	A
支配感觉	A	B	B	B	B
市场弹性	A	A	B	A	A
季节弹性	B	A	A	A	B

注：A 优秀；B 良好；C 尚可；D 不适合。

6. 媒体组合的原则

（1）媒体组合应该有助于扩大广告的总受众量。

（2）媒体组合应该有助于对广告进行适当重复。

（3）媒体组合应该有助于广告信息的相互补充。

（4）效益最大化的原则。

案例三：思念"竹叶清香粽"整合营销推广案例。

（1）广告创意的诞生。

粽子是一种节令性非常强的传统食品，现代速冻保鲜技术的不断进步使得速冻粽子作为一种商品出现在市场上，目前主要品牌有思念、五芳斋、龙凤、三全、乔家栅等。在粽子市场，思念是一个后来居上的品牌。这种状况的改观主要来自思念领导决策层对粽子的差异化改观和对消费观念的实效性引导，他们通过准确组合媒体形式探索到了第二销售渠道，一条通向消费者内心深处距离最短的沟通渠道。

策划创作前期，思念市场部派人进行了一次大规模的市场调查，结果表明：消费者购买粽子时对粽子的"味道鲜香""包装卫生安全"关注度分别高达 72% 和 60%，而"味道鲜香"属于产品的内在属性，通常依据产品的外表做出判断。基于此点，思念创新性地采用了特殊的粽叶，这种采自某原生态山区的箬竹叶，具有清香、味醇、叶薄等特点，经长期存放或高温蒸煮后依然保持诱人的绿色，剥开竹叶后有股浓郁的竹叶清香。思念将其产品命名为"竹叶青香粽"，并按照调查结论进行了如下创作发掘。

根据产品鲜明的外观特点，决定通过强化产品的直观属性"绿色、新鲜"协助消费者建立产品使用的经验属性"清香"，最终达到产品对消费者的信任属性"美味"。从消费者心底潜在需求出发，一步步将各种需求层次和日常消费体验结合起来，在每一环节实现需求链接，构筑感觉满足的传播梯次。具体表现上，创作人员精心构思，巧妙联想，采用清清水面上连续跳跃的粽子来散播袅袅的清香，让消费者全身心体验产品带来的视觉感受，由视觉感受链接到身心的愉悦感受，然后把这种愉悦感受转移到日常购买粽子、消费粽子的生活场景，这样产品信息、广告创意、视觉感受、味觉感受、生活体验、消费动机、消费行为就实现了无缝链接，然后配合不同广告媒体组合手段实现这种无缝链接，即充分发挥各媒体形式职能特点，由远及近、有机融合、密切关联地将广告信息送到消费者心里，让他们深切体会到思念竹叶青香粽比其他品牌的粽子更具购买的理由，以此来扩大产品知名度并提升产品销量。

（2）媒体组合策略。

广告创意出来后，为准确实现产品信息、广告创意、视觉感受、味觉感受、生活体验、消费动机、消费行为的无缝链接，把媒体组合形式也看成是一种销售渠道，一种不同于传统渠道的媒体传播通道，这不仅是对销售渠道的观念创新，也是对媒体职能的观念创新，借助不同媒体形式担负不同的传播效果和职能，思念市场部门对媒体形式提出了如下组合策略。

在电视媒体策划方面，为充分发挥央视本身强大的媒体聚焦功能，思念决定做大型历史剧《走向共和》的贴片广告，该剧播出两个月内掀起了家庭收视率的新高，竹叶青香粽以此为契机进行了跟片贴播。针对珠三角地区消费者的媒体接触环境和习惯，思念又投放了凤凰卫视中文台作为补充，以期消除区域盲点。事实证明，对于快速成长中的竹叶青香粽子和思念品牌来说，这种媒体形式对品牌知名度、产品诉求点有很大提升作用，能够将思念美味产品的形象传递到更多的消费者心里。

在报纸杂志方面，思念配合电视广告片的热播，各种报纸软文也随之见诸重点省市报端，加强对目标消费群的进一步渗透，由于软文题目以生活情景为内容展开，非常贴近消费者日常生活消费时的行为习惯，故而起到了电视媒体达不到的润物无声的渗透效果。

在户外广告方面，针对某些消费潜力大、影响力较强的区域中心城市的繁华地段，思念加大了对户外广告的投放力度，如郑州、济南等城市繁华地段，思念投放了路牌广告，这些广告牌的出现，鲜明地告知当地的消费者思念品牌在当地的影响是一流的，产品也是一流的，是值得信赖和购买的。这会让经常接触到思念路牌广告的家庭消费决策者和购买者都情不自禁地产生尝试购买的冲动。

在终端场方面，思念认为活动海报、产品折页、说明书、促销信息、功能宣传册、展示排面、价格标签等都属于POP（卖场展示）范畴，甚至厂家促销员、业务员都包括在内，他们负责把其他广告形式介绍过来的目标消费者最终锁定，前来购买自己的产品，同时还负责把现场游移不定的随机消费者定格。

有了以上几种媒体组合形式的密切配合，可以想象着一位都市女性平时由于看电视节目尤其是央视一套较多，渐渐地对竹叶青香粽有了大体印象，脑海中不时浮现出青青竹叶的画面，偶尔一次在丈夫购买的《大河报》上看到一篇介绍端午吃粽子习俗的文章，里面就有关于竹叶青香粽粽叶采选的描述，原来是这么好的竹叶啊，发现这不就是一种叫做竹叶青的粽子么，正巧与平时电视画面中的思念竹叶青香粽建立了初步的关联；当该女士坐车穿梭于繁华的街道时，猛然间发现了候车亭灯箱上似曾相识的画面，清清的湖面，绿绿的竹子和竹叶，还有湖面上跳跃的波纹，几个大字"竹叶青香粽"映入眼帘，原来这个画面和电视上见到的广告是一样的啊，反复的这么几次不经意接触，这个时候该女士就能够把厂家、产品、广告画面有机结合，并形成在心理的形象定位，产生购物体验和消费联想。周末，伴随着这些体验和联想，该女士去附近超市购物，当她来到速冻食品专柜时，醒目的吊旗、专柜的挡板、靠近的立柱喷绘、旁边的易拉宝不约而同、形象统一地传达着同一个画面：清清的湖面、绿绿的竹子和竹叶，还有湖面上跳跃的波纹以及见过的几个大字"竹叶青香粽"。这时候该女士立即将电视、报纸、户外的统一的形象画面紧密联系起来，并产生购买冲动。正当该女士准备询问价格时，一位衣着规范的年轻女促销员热情地为她讲解产品特点，并告诉她还有活动赠品等优惠措施，加之该女士脑海中浮现的各种场景，最终该女士的购物袋里又多了几袋令她满意的速冻粽子。

以上情景或许只是一种偶然，亦或许是一种普遍的必然，关键在于每一种媒体形式的效用发挥和相互间的有机配合，另外还有执行中每个细节的无微不至的体验，这样目标消费群必将成为产品用户。

（3）取得的传播效果。

思念竹叶青香粽媒体组合投放3个月时间已创造销售额6500万元，并且这一销售成绩目前仍然在快速突破中。在对上海、郑州、北京、广州、成都五个推广城市的广告效果抽样检测中发现，思念竹叶青香粽第一提及知名度分别为：上海29%、郑州56%、北京31%，广州36%、成都33%，而本次广告投放前该产品的第一提及知名度平均仅为11%。

通过思念广告组合策略可以领悟到，各种媒体实际上也在扮演着销售渠道的作用，而且也确确实实存在这样一种渠道，只是它最重要的职能是把产品（品牌）特定信息一直铺到消费者心中，进而影响到他们的消费观念、消费心理和消费行为，这才是最根本的销售渠道。广告策划人员必须立足于消费者生活和企业实际进行广告创作，而不是片面追求巨额广告投放和所谓的艺术效果。

三、学习任务小结

通过本次课的学习，我们了解了何为媒体组合、媒体组合的意义、媒体组合的方法、要善于运用不同媒体、媒体组合应注意的问题、媒体组合的原则等6个方面的内容。同时，列举了3个经典的媒体组合案例，希望同学们能从中归纳和总结，全面提高自己的广告媒体策划能力。

四、课后作业

如果在广州市对某护肤品品牌（自选）进行广告宣传，请设计一份媒体组合方案，拟定一份广告媒体策划书。

项目四
广告创意技能实训

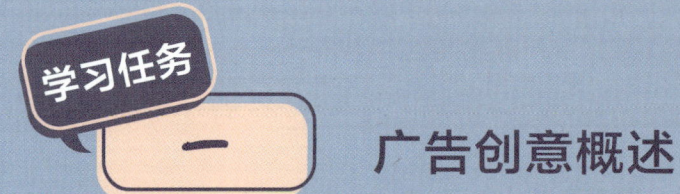

学习任务 一 广告创意概述

教学目标

（1）专业能力：能理解广告创意的概念、原则与类型。

（2）社会能力：能通过学生小组之间的协作，分析广告创意原则与类型，提升学生的团队协作、表达与交流能力。

（3）方法能力：自主学习能力、资料整理和归纳能力，设计案例分析应用能力和创造性思维能力。

学习目标

（1）知识目标：了解广告创意的概念、原则和类型。

（2）技能目标：能对广告创意的原则以及类型进行归类和分析。

（3）素质目标：能通过鉴赏优秀的广告创意案例，提升专业兴趣，提高广告创意的思维能力。

教学建议

1. 教师活动

（1）收集优秀广告创意作品，运用多媒体课件、教学视频等多种教学手段，进行知识点讲授和作品赏析。

（2）深入浅出、通俗易懂地引导学生对优秀广告创意案例进行分析并讲解设计要点与方法。

2. 学生活动

认真听课，观看作品，加强对广告创意作品的感知。学会分析，积极大胆地表达自己的创意创新思维，与教师良好地互动。

一、学习问题导入

同学们，今天我们学习广告创意概述相关知识。通过下面的案例来进入我们今天的学习任务，这是一则果汁饮料的广告。如图4-1所示，把果汁瓶用一个吸管与新鲜的芒果相连，隐喻出果汁饮料原材料纯天然、新鲜的产品属性，以此来引起人们对这款果汁饮料的认同。创意这个词汇在广告行业中被广泛运用，创意几乎成为评判一则广告成功与失败的标准。

图 4-1 果汁饮料广告

二、学习任务讲解

美国广告专家格威克（Albert Szent Gyorgri）认为，创意就是你发现了人们习以为常的事物中的新含义。大卫·奥格威指出，要吸引消费者的注意力，同时让他们来买你的产品，一定要有独特的特点，除非你的广告有很好的点子，不然它就像很快被黑夜吞噬的船只。奥格威所说的"点子"就是创意的意思。美国知名的广告杂志《广告时代》总结，广告创意是一种控制工作，广告创意是为别人陪嫁，而非自己出嫁。优秀的广告创意人员深知此道，他们在熟悉商品、市场销售计划等多种信息的基础上，发展并赢得广告运动，这就是广告创意的真正内涵。广告的核心是创意，广告创意的内涵是"赋予广告灵魂"（图4-2）。

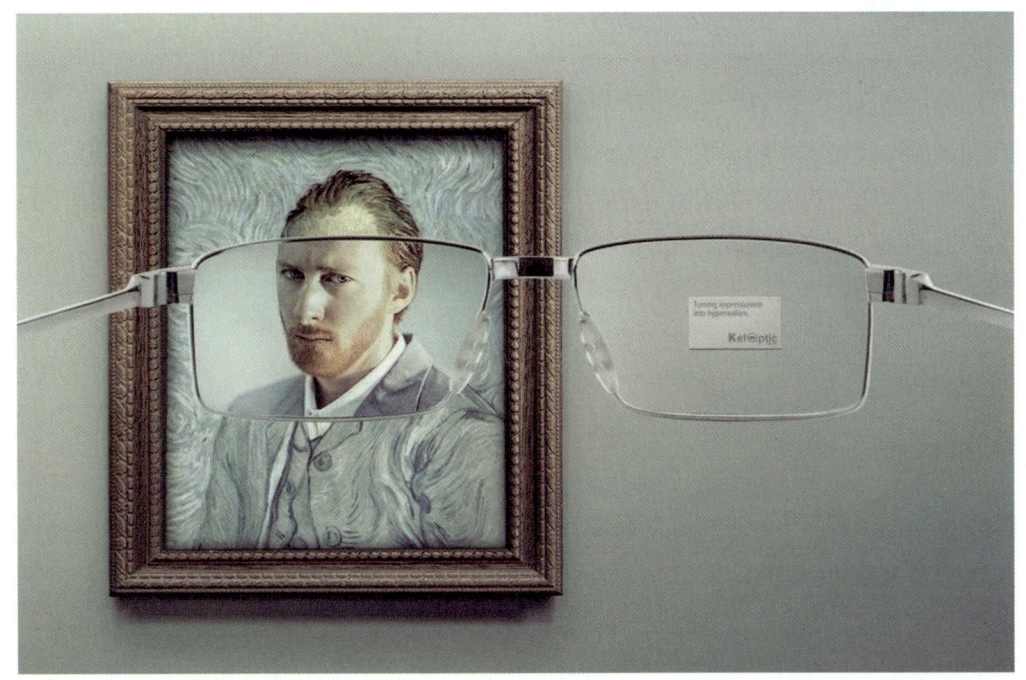

图 4-2 眼镜创意广告

1. 创意和广告创意的概念

"创意"这个词最早是出现在汉代王充《论衡·超奇篇》中，意思是创出新意，也指所创出的新意或意境。创意这个词在一些语汇中得到了广泛的应用，成为一个常用词汇。例如，"文化创意""创意家居""创意经济"等，都是现在十分流行的词汇用语。

创意有着双层含义：动态含义指的是对某项工作进行有创造性的、有创造力的思维活动；静态含义指具有新意的、独特的、与众不同的思想、概念、主意、计划、打算等。

Wonders 教材宣传广告如图 4-3 所示。

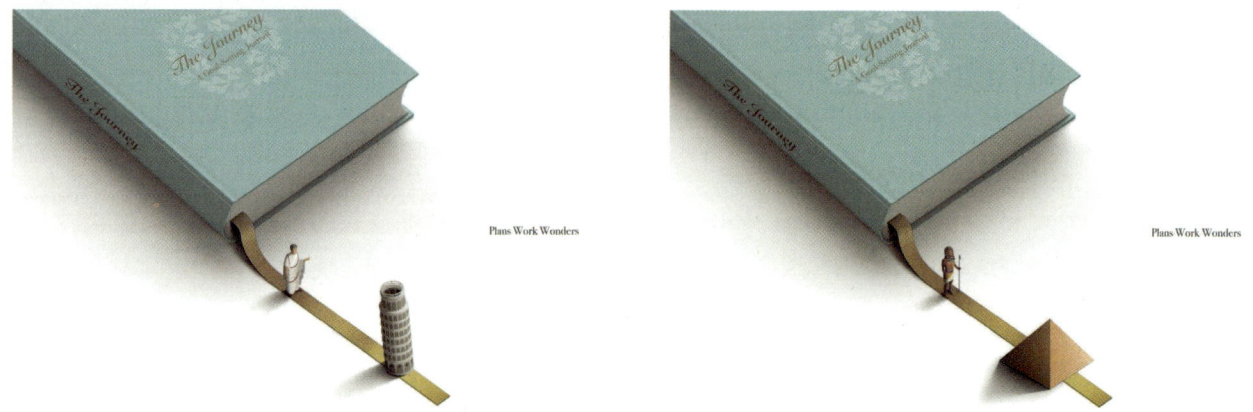

图 4-3　Wonders 教材宣传广告

广告创意是指针对广告的创造性思维活动，一般包括相互联系的 6 个环节，即广告调查、广告策划、广告创意、广告制作、媒体投放、效果评估。

2. 广告创意的原则

创意是旧因素的新组合。詹姆斯·韦伯·杨（James Webb Young）称此原则为"万花筒"，一个装了彩色玻璃碎片的筒，每转一下就会变成新的搭配，显示出新的花样，而且有成千上万种搭配。广告创意亦是新的花样。有创意的头脑就是花样制造机，将品牌信息与从大千世界中提炼的知识和经验相结合。创意是驾驭关联的能力。在有些人眼中，每件事都是独立的，而对于有创造力的人来说，这些都是知识链上的某一环。比如从小狗的温顺可联系到卫生纸的柔软，汉堡包的形状从某一角度看像嘴唇等。因此，培养发现事物关联的能力并使之成为习惯非常重要。尽管广告创意是突破常规的创造，但在进行广告创意的过程中仍必须遵循一定的原则。

（1）独创性原则。

广告创意具有创造性，属于知识产权的范畴。广告也是一种充分运用想象力、直觉力、洞察力，以任何一种有效的方式，用全身心的智慧和思维来进行说服和说明的过程。因此，广告创意是广告诸要素中最有魅力的部分，作为一种原创性的劳动，广告创意最终的劳动成果应该具有独创性，或者是创意思想的独特，或者是表现手法的独特，或者是传播方式的独特，或者是销售主题的独特，总之，必须要有一个个性鲜明、与众不同的主题。广告界有句名言："在广告业里，与众不同就是伟大的开端，随声附和就是失败的根源。"它揭示了广告创意最根本的一项要素。世界上著名的广告公司和广告人都无不将保持创新的活力放在首位，通过不断的创新来挖掘灵感之源，启发创意的思维。野生动物保护公益广告如图 4-4 所示。

大卫·奥格威曾说过："我们的目的是销售，否则就不用广告了。"广告创意的目的或终极使命是促销，但广告并不等于销售。它只是一种旨在促成消费受众产生某种心理上的、感情上的或行动上的反应的一种说服过程，或者说是一种信息传达过程。广告创意是与广告的目的和主题相一致的，既需要想象力，又不能让想象力漫无目的。创意人利用他的想象力，挖掘他的想象力，使创意主题或他所要传达的信息更生动、更可信、更有说服力。

（2）深刻性原则。

广告创意不仅要简洁明了，还要生动逼真，给媒体受众留下深刻印象。广告作品要能引起媒体受众的注意，进而激发他们的好奇心，产生购买欲望以达到促销的目的。广告创意的内容要以媒体受众能理解为限度。让媒体受众去理解晦涩难懂的广告，只会浪费广告主宝贵的资金。图4-5是一则洗发水的广告，广告通过新奇、怪异的洗发水气泡造型，引起观众的联想，产生对该洗发水超强清洗功能的深刻印象。

（3）科学合理性原则。

广告创作活动充满了不同事物之间、现实与虚幻、真理与荒诞、幽默与讽刺、具体与抽象之间的碰撞、交融、转化、结合，并且需要发挥策划人的想象力，用最大胆、最异想天开的方法去创造广告。但是，广告的本质是一种产品，而产品属性决定创意想象力和创造力不是无节制的、荒谬的，它还必须遵循一定的规律，掌握一定的分寸。

图4-4　野生动物保护公益广告

图4-5　洗发水创意广告

3. 广告创意的类型

广告创意表现类型主要有以下几种。

①情报型。

情报型是最常用的广告创意类型。它以展示广告产品的客观情况为核心，表现产品的现实性本质，以达到突出产品优势的目的。

②比较型。

比较型的广告创意是以直接的方式，将自己的品牌产品与同类产品进行优劣的比较，从而引起消费者注意和认牌选购。在进行比较时，所比较的内容最好是消费者关心的，而且是在相同基础或条件下的比较。这样才能更容易地刺激消费者注意并使之认同。在进行比较型广告创意时，可以是针对某一品牌进行比较，也可以是对普遍存在的各种同类产品进行比较。比较型广告创意要遵从相关法律法规以及行业规章，要有一定的社会责任感和社会道德意识，避免给人以不正当竞争之嫌。

③戏剧型。

戏剧型广告创意既可以是通过戏剧表演形式来推出广告品牌产品，也可以在广告表现上戏剧化和情节化。在采用戏剧型广告创意时，一定要注意把握戏剧化程度，否则容易使人记住广告创意中的戏剧情节而忽略广告主题。

④情节型。

情节型的广告创意是借助生活、传说、神话等故事内容展开，在其中贯穿有关品牌产品的特征或信息，借以加深受众的印象。由于故事本身就具有自我说明的特性，易于让受众了解，使受众与广告内容发生连带关系。

⑤证言型。

证言型广告创意通常援引有关专家、学者或名人、权威人士的证言来证明广告产品的特点、功能以及事实，以此来产生权威效应。在许多国家对于证言型广告都有严格限制，以防止虚假证言对消费者的误导。权威人士的证言必须真实，必须建立在严格的科学研究基础之上；社会大众的证言必须基于自己的客观实践和经验，不能想当然和妄加评价。

⑥拟人型。

拟人型广告创意以一种形象表现广告产品，使其带有某些人格化特征，即以人物的某些特征来形象地说明产品。拟人型的广告创意可以使产品生动、具体，给受众以鲜明、深刻的印象，同时也可以用浅显常见的事物对深奥的道理加以说明，以帮助受众深入理解。

⑦类推型。

类推型的广告创意是以一种事物来类推另一种事物，以显示出广告产品的特点。采用这种创意，必须使所诉求的信息具有相应的类推性。

⑧比喻型。

比喻型广告创意以某种情趣为比喻产生亲切感。如牙膏广告语："每天两次，外加约会前一次。"比喻型的广告创意又分明喻、暗喻、借喻三种形式。

⑨夸张型。

夸张型广告创意是基于客观现实的基础，对产品或劳务的特征加以合情合理的渲染，以达到突出产品或劳务本质特征的目的。采用夸张型的广告创意，不仅可以引起受众的注意，还可以取得较好的艺术效果。如图4-6所示的三菱汽车广告，通过展示车身与体积硕大的犀牛的尺寸比较，传达出三菱SUV汽车超大的驾乘空间的广告创意。

⑩幽默型。

幽默型广告创意用诙谐、幽默的语言使人们开心地接受产品。例如杀虫剂广告语"真正的谋杀者。"采用幽默型广告创意要注意语言应该是健康的、愉悦的、机智的和含蓄的，切忌使用粗俗的、令人生厌的、油滑的和尖酸的语言。

⑪悬念式。

悬念式广告创意是以悬疑的手法或猜谜的方式调动和刺激受众的心理活动，使其产生疑惑、紧张、渴望、揣测、担忧、期待、欢乐等一系列心理，并持续和延伸，以达到为解释疑团而寻根究底的效果。

图 4-6　三菱汽车广告

⑫意象型。

意象即意中之象。它是由一些主观的、理智的、带有一定意向的精神状态的凝结物和客观的、真实的、可见的、可感知的感性象征的融合，是一种渗透了主观情绪、意向和心意的感性形象。意象型广告创意是把人的心境与客观事物有机融合的产物。在意与象的关系上，两者具有内在的逻辑关系，但是在广告中并不详叙，让受众自己去品味"象"而明晓内在的"意"。所以，意象型广告创意实际采用的是超现实的手法来表现。

⑬联想型。

联想是指客观事物的不同联系反映在人脑里而形成的心理活动的联系。它是由一事物的经验引起回忆，产生另一看似不相关联事物经验的过程。联想出现的途径多种多样，可以是在时间或空间上接近的事物之间产生联想；在性质上或特点上相反的事物之间产生联想；在形状或内容上相似的事物之间产生联想；在逻辑上有某种因果关系的事物之间产生联想。图 4-7 和图 4-8 所示是一则气泡水广告和一则葡萄酒广告，通过联想将包装瓶与大自然和葡萄造型紧密结合起来，给观众留下深刻印象。

图 4-7　气泡水广告

图 4-8　葡萄酒广告

⑭抽象型。

广告创意中采用抽象型的表现方法，是现代广告创造活动中的主要倾向之一。这种创意一旦展示在社会公众面前，从直观上难以使人理解，但一旦加以思维整合之后，就会发现广告创意的确不凡（图 4-9）。

广告创意并不局限于以上所列的类型。还有解说型、宣言型、警示型、质问型、断定型、情感型、理智型、新闻型、写实型等，在进行广告创意的活动中，均可加以采用。

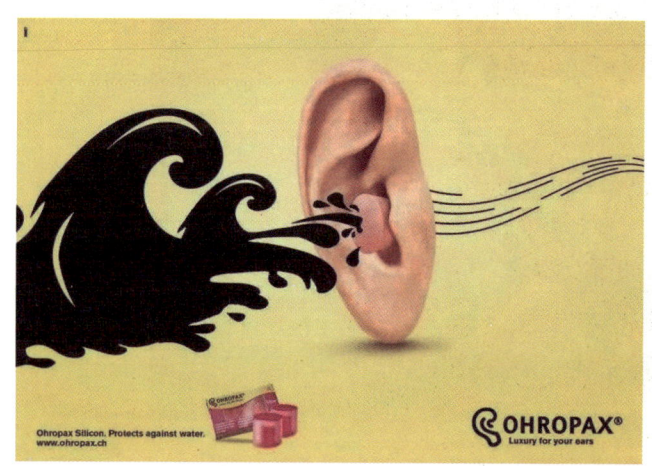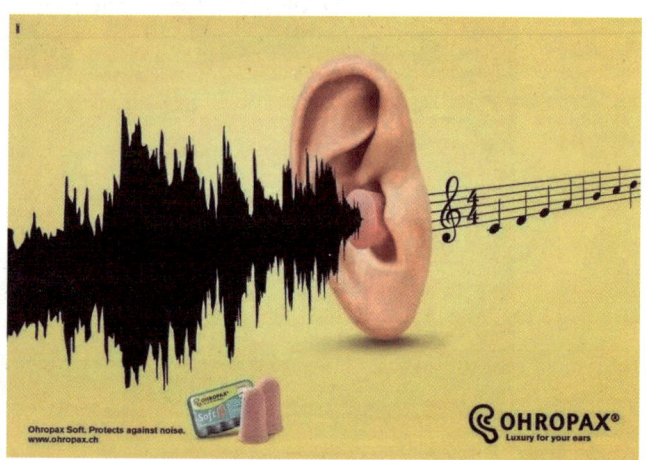

图 4-9　助听器宣传广告

三、学习任务小结

通过本次课的学习，同学们初步掌握了创意和广告创意的概念，广告创意的原则和类型。通过优秀广告作品展示，同学们初步理解了广告创意的方法。希望同学们课后查阅资料，收集广告创意图片素材，并形成资料库。

四、课后作业

结合本节课程所学的内容，每位同学收集 20 幅优秀广告创意作品。

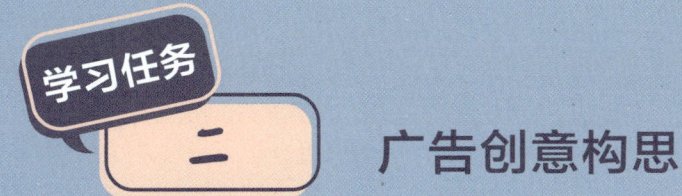

广告创意构思

教学目标

（1）专业能力：能根据任务要求，进行品牌文化的分析，确定广告创意文案，进行广告创意构思策划，并能运用品牌定位调整广告创意。

（2）社会能力：能在创意设计过程中，精益求精，认真细致，培养工匠精神。

（3）方法能力：能进行相关案例资料收集与整理，能对广告创意设计的案例进行归纳分析并汲取经验。

学习目标

（1）知识目标：能根据任务要求，进行广告创意设计。

（2）技能目标：能进行广告创意构思设计任务的分析，确定广告创意设计的风格和手法，并进行整体调整。

（3）素质目标：具备创意思维能力和艺术表现能力。

教学建议

1. 教师活动

（1）教师引入本次学习任务情境，通过典型案例的示范，展示广告创意设计的过程，结合多媒体课件、教学视频等多种教学手段，展示并讲解广告创意构思方法的步骤和要点。

（2）教师引导学生对广告创意进行细节的观察与分析，体会创意构思。鼓励学生大胆尝试，勇于试错。对于学生遇到的共性难点问题进行集体讲解，个别问题进行个别指导。

2. 学生活动

认真听课，观看作品，加强对广告创意作品的感知，学会分析，积极大胆地表达自己的创意构思方法，与教师进行良好的互动。

一、学习问题导入

创意构思是广告设计的核心和灵魂，通过创意构思的设计能够有效、有趣地传递广告信息，让广告更加吸引观众的注意，并留下深刻的记忆。不同的广告产品和信息需要不同的创意构思，这样可以让广告产品和信息给人耳目一新的感觉。

二、学习任务讲解

1. 广告创意构思的概念

广告创意构思又称为广告臆想，是指某一特定的广告主题和创意在创作人员头脑中形象化的具体表现。它是广告设计的起点，其基本要求是新奇、有理、切合，如图 4-10 和图 4-11 所示。

广告创意构思的基本原则是摆脱旧的经验和意识的约束，从多方面去思考，革新思维，抓住灵感的闪现，发掘新的观念。同时，还要顾及媒体的特点，注意扬长避短。常见的方法有比拟法、寓意法、拟人法、反成法、巧妙法、反证法、实证法、承诺法、间接法、明贬暗褒法、要点法、夸张法、幽默法、诱惑法等。

图 4-10 创意广告 1　　　　　　　　　　图 4-11 创意广告 2

2. 广告创意特征

（1）主题。

广告主题是广告定位的重要构成部分，即"广告是什么"。广告主题是广告策划活动的核心，每一阶段的广告工作都紧密围绕广告主题而展开，不能随意偏离或转移广告主题。

（2）目标对象。

广告目标对象是指广告诉求对象，是广告活动所有的目标公众，这是广告定位中"向谁广告"的问题。广告创意除了以广告主题为核心之外，还必须以广告对象为基准。"射箭瞄靶子""弹琴看听众"，广告创意要针对广告对象，要以广告对象进行广告主题表现和策略准备，否则就难以收到良好的广告效果。

（3）新颖独特。

广告创意的新颖独特是指广告创意不要模仿其他广告创意，人云亦云、步人后尘容易给人雷同与平庸之感。广告唯有在创意上新颖独特才会在众多的广告中一枝独秀，从而产生感召力和影响力，如图4-12和图4-13所示。

图 4-12　奔驰读书节广告　　　　　　　图 4-13　小区停车场广告

（4）生动有趣。

广告创意要想将消费者带入一个浮想联翩、妙趣横生、难以忘怀的境界中去，就要采用生动有趣的表现手段，立足现实、体现现实，以引发消费者共鸣。但是广告创意的艺术处理必须严格限制在一定真实的范围之内。

（5）形象化。

广告创意要基于事实，集中凝练出主题思想与广告语，并且从表象、意念和联想中获取创造的素材，形象化的语言、音乐和富有感染力的图画融会贯通，构成一幅完美的广告作品。

（6）原创性、相关性和震撼性的综合体。

原创性是指创意的不可替代性，是旧有元素的新组合。相关性是指广告产品与广告创意的内在联系，是既在意料之外，又在情理之中的会意。震撼性是指广告具有震撼心灵的深刻感染力，如图4-14所示。

3. 广告创意构思的关键

（1）创新思维的独创性。

创新思维是对思维某些特征的强化，比如从多角度观察和思考问题的发散性，把需要解决的问题与其他事物进行联系和比较的分离性，思维过程的辩证性，思维空间的开放性，思维主体的能动性以及思维成果的独创性。其中独创性是创新思维最具代表性的特征，也是广告创意的关键。因为，创意过程中独具一格的思维特点，就是创新思维的独创性，如图4-15所示。

图 4-14 宛如好莱坞大片的可口可乐广告

图 4-15 黑人牙膏广告

（2）创新思维独创性的生成。

人们的审美情趣随着时代而前进，随着生活而升华，随着个性张扬而追求独创。带有时代精神独创性的广告创意的诞生要经历四大环节，即境域、启迪、顿悟、验证。

①境域。

境域是广告创新思维的生成环境。在广告创作之前，应对设计对象的有关条件和限制有透彻了解，并尽力投入思维活动中。在广告创意过程中，对所思考的问题越有激情，进行各种尝试的积极性就越高。

②启迪。

启迪是广告创新思维的信息纽带。当广告构思陷入僵局难得其解时，不妨从其他艺术形式和相关学科中寻找新的意象，形成完整而清晰的新思路，再经反复酝酿，用自己的设计语言把它"译解"出来。

③顿悟。

顿悟是广告创新思维的灵感显现。通俗地说，就是相关的知识信息在人脑中重新组合后即时凸现，有一种"茅塞顿开"的感觉。就像在黑暗的剧场里点亮一盏灯，把一些零星的观众及场景照亮，出现一个个活生生的形象。

④验证。

验证是对广告创新思维结果进行多角度分析的审视过程。通过这一过程，验证广告创意是否拨动了受众的心弦，创意的表现是否清晰，创意是否给受众留下了想象的空间等等。

（3）挖掘创意潜能应着眼于独创性。

精彩的形象广告与公益广告亲切自然，它们扎根于人们的意识中，触及人们的灵魂，使人们久久不能忘怀。无论广告创意的求索、知觉信息的筛选、诱因条件的妙用，还是设计灵感的显现，都离不开挖掘创意潜能的实践。

创新思维在表达方式上着眼于个体，通过个体特殊的形象来反映事物的共性。因此，广告作品要具有独创性，就必须力求从不同的侧面塑造新的形象，深刻反映事物的普遍性，揭示客观的本质与规律，如图4-16和图4-17所示。

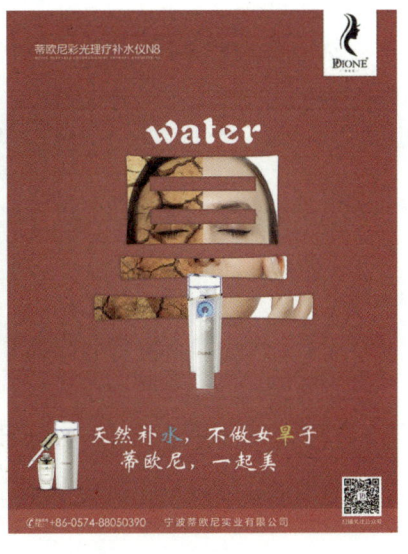

图 4-16　IBM 广告　　　　　图 4-17　蒂欧尼广告

4. 广告设计创意构思方法

广告创意分为三个阶段：一是调查阶段，主要工作是收集大量的资料；二是分析阶段，主要工作是探寻有魅力的诉求点；三是评价阶段，主要工作是决定好的创意。进行广告创意，广告创作人员不仅需要具有创造性思维的能力，而且还应该掌握广告创意的思考方法。最常用的有以下几种。

（1）集体思考法。

集体思考法又称头脑风暴法、脑力激荡法，由美国的奥斯本在20世纪40年代提出，当时称为"动脑会议"，主要是将广告公司内各方面的人员聚集在一起，以"头脑风暴会议"的方式寻求最佳广告创意，它依靠的是集体的智慧和力量，故有人将其称为集体思考法。

集体思考法的特点如下。

①集体性创作。新的创意的产生，往往是思考连锁反应的结果，凝聚着众人的智慧。

②禁止批评。对每个成员提出的创意不能进行批评，不可反驳，有意见只能在会后提。

③创意的数量越多越好。每个人都可在会上畅所欲言，毫无限制地自由发表看法。

④对创意的质量不加限制。

因为"动脑会议"并不是最终决定创意，即使是不可能实现的创意，也可以提出。鼓励在别人构思的基础上联想、发挥、修饰，从而产生新的创意。

（2）垂直思考法。

垂直思维又称为逻辑思考法或收敛性思维。它是指用逻辑的、传统的思维方法来解决疑难问题。与之相对的概念是水平思维。垂直思考法和水平思考法是英国心理学家爱德华·戴勃诺所倡导的广告创意思考法，因此，此方法通常又被称作戴勃诺理论。垂直思考法是按照一定的思维路线或思维逻辑进行的、向上或向下的垂直式思考方法，这是一种头脑的自我扩大方法，以思维的逻辑性、严密性和深刻性见长，它一向被评价为最理想的思考法之一。其特点如下。

①高度概括性。

②讲求按部就班、循序渐进。每一步骤、每一阶段及推论过程中的每一事物都须正确无误。

③顺乎人的自然本能。因为垂直思考法重视高度可能性，而人在面对问题时，往往会被可能性最高的解释吸引住，立刻沿其继续发展。与顺向思考相对，有一种逆向的垂直思考法。这种思维不是"顺延"，而是"逆延"，与常规的思维相反。因此，思维具有反常性，创意常常比较新颖。如美国的 DDB 广告公司曾经为德国大中型金龟车所做的广告创意，就运用了逆向思维的方法。一般的思维模式，总是从正面、从赞扬的角度对事物进行表现。但这则广告的诉求却从丑陋着眼："1970 型的金龟车是丑陋的"，正是"丑陋"出乎人的正常思考范围，引起人们的注意。随后画风一转，"车型虽然丑陋，但汽车的性能却一直在更新"，从而使消费者对这种车产生了良好的印象。

（3）水平思考法。

水平思考法又称为戴勃诺理论、发散式思维法、水平思维法。水平思维法是针对垂直思维（逻辑思维）而言的。水平思考法强调思维的多向性，善于从多方面来观察事物，从不同的角度来思考问题，思考途径由一维到多维，属于发散思维。因而，在思考问题时能摆脱旧知识、旧经验的束缚，打破常规，创造出新的意念。在社会发展和科技发明过程中，常常会得到巨大的收获和成果。在进行广告创意时，水平思考法可以弥补垂直思考法的不足。运用水平思考法，要注意以下几点。

①敢于打破占主导地位的观念，避免模仿，摆脱人们最常用的创意、表现方法等。

②多方位思考，提出对问题各种不同的新见解。

③善于摆脱旧意识、旧经验的束缚。

④要抓住偶然一闪的构思，深入发掘新的意念。

三、学习任务小结

通过本次课的学习，同学们对广告创意的概念、特征、原则和方法有了系统的认知和了解，广告创意构思具有多种思考形式，包括集体思考法、垂直思考法和水平思考法等复杂的思维活动，是一种协同性的综合思维。

四、课后作业

以小组为单位，进行环保主题的广告创意构思。

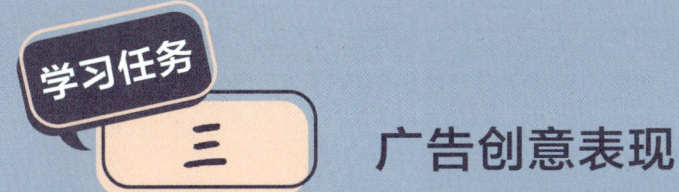

学习任务 三 广告创意表现

教学目标

（1）专业能力：能根据任务要求，分析品牌文化，编写广告创意文案。

（2）社会能力：能在创意表现过程中，精益求精，认真细致，培养工匠精神。

（3）方法能力：能对相关案例资料进行收集与整理，能对广告创意表现技法进行分析和借鉴。

学习目标

（1）知识目标：能根据任务要求，进行广告创意设计表现。

（2）技能目标：能进行广告创意设计任务的分析和表现。

（3）素质目标：具备创意思维能力和艺术表现能力。

教学建议

1. 教师活动

教师引入本学习任务情境，讲解广告创意表现方法，并指导学生学习广告创意的表现方法。

2. 学生活动

学生认真聆听教师讲解，并根据教师给出的学习任务，进行广告创意表现实训。

一、学习问题导入

广告创意需要通过一定的方法进行表现，以便更好地传递广告信息，体现广告创意。如何表现广告的创意，如何突出商品的广告主题，加深广告在受众心中的印象，引起受众的共鸣，就需要采用系统的方法。

二、学习任务讲解

广告创意表现简称广告表现，是传递广告创意策略的形式整合，即通过各种传播符号，形象地表述广告信息以达到影响消费者购买行为的目的。广告创意表现的最终形式是广告作品。广告创意表现在整个广告活动中，决定了广告作用的发挥程度。

1. 广告创意写实表现手法

广告创意写实表现手法是指直接向消费者述说广告产品与服务的情况、特性及对消费者的利益点，动员消费者去购买的广告创意表现方法。其具有真实、明显的特点。主要有以下几种具体的方法。

（1）展现法。

①直接展示法。

直接展示法即直接把产品放置在画面的主要位置中展示给受众。包括直接将某产品和主题如实地展示在广告版面上，或者运用各种方式抓住和强调产品和主题本身与众不同的特征，如图 4-18 和图 4-19 所示。

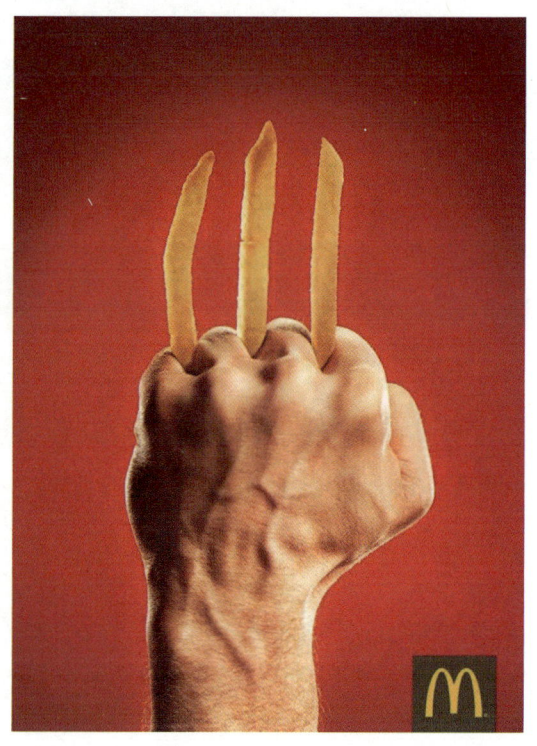

图 4-18　柠檬汽水饮料广告　　　　　　图 4-19　麦当劳广告

②间接展示法。

间接展示法即在画面中间接展示产品特性的一种方法。画面中产品所占的位置相对次要，而画面主要表现一种意境，用以烘托产品，使产品在画面中显示个性和品牌魅力。

（2）联想法。

联想是由一事物联想到另一事物，或将一事物的某一点与另一事物的相似点或相反点自然地联系起来的一种思维过程。联想法主要有以下几种。

①相似联想：事物的形状或结构的相似性可引发的联想。

②相关联想：由两个事物之间的必然联系和邻近关系而引发的联想。

③相反联想：对某一事物有联系的相反事物或对立面的联想。

④因果联想：对事物产生的原因和结果而引发的联想。

联想法如图4-20和图4-21所示。

图4-20　联想法1

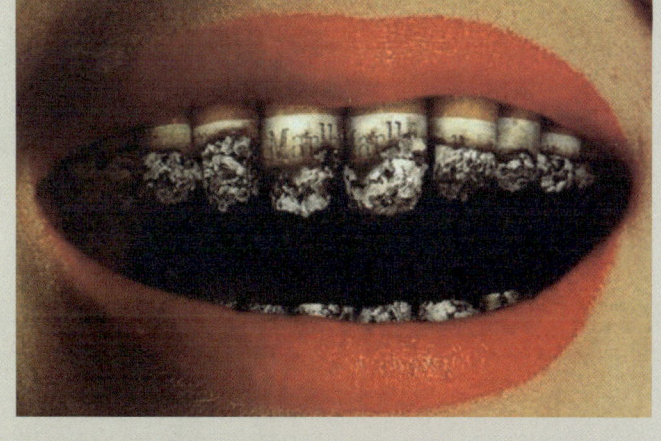

图4-21　联想法2

（3）比喻法。

比喻法是指选择两个在本质上各不相同，而又有些相似性的事物，以此物喻彼物。运用比喻法的表现手段来突出主题，容易取得深入浅出、富有哲理的效果，使形象更为新奇、寓意更为深刻，如图4-22所示。

（4）对比法。

对比法是一种趋向于对立的艺术美中的最突出的表现手法之一，它把性质不同的要素放在一起相互比较，给视觉造成一定的互相冲突的感受。

（5）拟人法。

图4-22　比喻法

拟人法是指将所要表现出的对象（如动物、植物、商品等）赋予人格。此创意表现主要是创造出生动活泼、天真可爱、幽默风趣的形象以传达某种观念或商品信息，使人们产生兴趣和好感，实现广告的劝服功能，如图4-23和图4-24所示。

（6）幽默法。

在广告创意设计中巧妙地再现喜剧性的特征，即通过人们的性格、外貌和举止的某些滑稽可笑的特征表现产品或观念的信息。幽默的表现方法，往往运用饶有风趣的情节、巧妙的安排，造成一种充满情趣、引人发笑而又耐人寻味的幽默意境，如图4-25和图4-26所示。

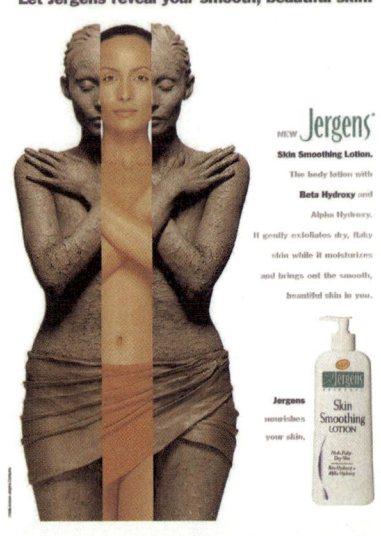

图 4-23　拟人法 1

图 4-24　拟人法 2

图 4-25　幽默法 1

图 4-26　幽默法 2

（7）悬念法。

在广告中故弄悬虚、布下疑阵，使人对广告画面乍看不解题意，造成一种猜疑和紧张或探求的心理状态，产生夸张的效果，加深矛盾冲突，吸引受众的兴趣和注意力，产生引人入胜的艺术效果，如图 4-27 和图 4-28 所示。

2. 广告创意的情感运用法

广告创意的情感运用法主要侧重选择具有情感倾向的事物和内容，以各种情感因素烘托主题，使广告信息在一种情境中被传达出来。广告创意表现中通常使用亲情、爱情、友情，还有新的情感、旧的回忆等，如图 4-29 和图 4-30 所示。

图 4-27　悬念法 1

图 4-28　悬念法 2

3. 广告创意的形象解构法

形象解构法是将广告中的形象进行结构上的撕裂、分离或破坏等处理的方法，主要有裂象解构法和残象解构法两种。

裂象解构法是将一个形象有意义地进行断裂、分离、移位处理，使形象产生新的意义和强烈的视觉冲击力。这种有秩序的形的破坏，能使人们观念中不可能出现的现象在画面中成为可能，还能形成一种新的观念，并产生强烈的视觉新异感，更加引人注目。

残象解构法是对一个完整的形象进行有意识的剪切或破坏，通过富有秩序的剪切或破坏过程，使形象的最后结果产生了新的意义。残象解构法能打破人们正常的心理和常规的经验，能使形象产生强烈的视觉印象，并深刻地揭示主题，引起人们心灵上极大的震撼，如图 4-31 所示。

4. 广告创意的 3B 运用法

所谓 3B 原则是以广告创意为切入点而提出来的，即 Beauty 美女、Beast 动物、Baby 婴儿。无论是可爱的美女、可爱的动物还是纯真的婴儿，他们都是其中的视觉元素，这些元素可以用来吸引受众的关注，使人们在悄然中熟知广告商品，让广告产生连带审美效应，以此达到产品促销的目的。

图 4-29　广告创意的情感运用 1　图 4-30　广告创意的情感运用 2

图 4-31　广告创意的残象解构法

人们常说一张图片胜过千言万语。在眼球争夺战的浪潮中，Beauty、Beast 与 Baby 是广告创意中的有力武器。运用得当广告将会收到良好的传播效果，广告产品会得到不菲效益，运用时需要做到以下几点。

（1）广告创意的悬念性。切忌在广告创意中插入繁杂的图片，效果最好的不在于多，而是要能够激发受众好奇心。

（2）广告创意的简洁性、集中性。尽可能让图片简洁，把焦点集中到一个人，因为拥挤的场面是没有吸引力的，人多繁杂，就不容易注意到广告的重心。

（3）不要把自己的喜好强加给消费者。不同年龄、性别、职业、性格的人会有不同的习惯与兴趣爱好。作为设计师，要清楚了解各种消费群体的兴趣，不能以自己的爱好来评判消费者的喜好。

（4）充分考虑地域性的不同。在广告创意的过程中，不能为了创意而创意，而是要综合考虑广告产品的地域文化背景、心理审美等问题。了解各区域对某些元素的喜恶，才能够更好地制作出跨地域性的广告创意。

在广告创意的 3B 运用法中，只有将广告产品的特性与广告表现形式正确地融合，才能制作出"黄金"创意，吸引消费者并取得良好广告传播效果，如图 4-32 和图 4-33 所示。

图 4-32　广告创意的 3B 运用法 1　　　　　　　　　图 4-33　广告创意的 3B 运用法 2

三、学习任务小结

通过本次课的学习，同学们全面了解了广告创意的方法和表现方式，好的广告创意需要用好的方法表现出来，没有创意的广告就没有生命力。课后，大家要多收集优秀的广告创意表现作品，归纳和总结其表现技法。

四、课后作业

4 月 23 日世界读书日全称"世界图书与版权日"，又称"世界图书日"。请为世界图书日设计一个 A4 大小的创意海报。

广告创意执行

教学目标

（1）专业能力：能根据任务要求，分析品牌文化，编写广告创意文案，进行广告创意构思策划并完成广告创意执行，能运用品牌定位来调整广告创意对品牌广告的构思，通过构思执行达到更好的设计效果。

（2）社会能力：能在创意设计过程中，精益求精，认真细致，培养工匠精神。

（3）方法能力：能对创意设计的案例进行归纳分析，吸收借鉴，通过执行创意获得广告效益。

学习目标

（1）知识目标：了解广告创意执行各个阶段的工作内容。

（2）技能目标：能出色完成广告创意执行。

（3）素质目标：具备创意思维能力和艺术表现能力。

教学建议

1. 教师活动

（1）教师引入本学习任务情境，讲解广告创意执行方式和过程，以及执行方法和步骤。

（2）教师引导学生举一反三，运用广告创意执行方法进行不同案例的训练。

2. 学生活动

（1）学生认真聆听教师对广告创意案例的示范分析，并根据教师给出的广告创意执行学习任务进行广告创意执行实训。

（2）学生在广告创意执行过程中进行不断分析和反思，并与教师进行良好的互动和沟通。

一、学习问题导入

各位同学大家好！本次课我们一起来学习广告创意的执行。本次课学习的重点是了解广告创意执行的手段和方式，广告创意执行手段和方式的选择是有效传递广告信息、实现广告诉求的关键。

二、学习任务讲解

广告创意的执行是指广告创意的具体执行方式和手段，其可分为构思阶段、表现阶段和提案阶段。

1. 广告创意的构思阶段

广告创意的构思阶段包含两个环节的内容，即说什么（广告概念）和怎么说（广告主题）。虽然这两个环节所要构思的内容有所不同，但两者构思的过程大都经历导入期、初成期和成熟期。

2. 广告创意的表现阶段

当广告创意的概念和主题确定之后，广告创意的执行就进入了表现阶段。此时的广告表现仅仅只是对创意的构思予以大致的视觉化的表现，具有草图和概念的性质，其目的主要是将比较抽象的构思及时用视觉符号予以固化，使创意人员有对创意构思进行进一步修改完善的具体对象，便于创意人员对创意构思进行进一步的分析和完善。

（1）创意表现的形式。

创意的构思从一开始就对其所赖以表现的媒体是有所指向的，其表现的形式包括平面印刷媒体、广播媒体和影视媒体。

（2）创意表现的原则。

创意表现的目的是为了使创意的构思视觉化和符号化，其本身也需要不断修改和完善，因此，在其制作的成本上应力求节俭。在创意表现的过程中，应制定专人负责，最好由艺术指导对表现的细节全权处理。

（3）创意表现的自我审视。

当创意表现基本完成之后，还应该对创意的构思或表现进行全方位的自我审视，以使创意尽可能地做到完美。自我审视的内容主要有以下几个方面。

①创意表现是否符合传播策略？

②创意表现是否具有扩张力？

③目标对象是否看得明白？

④创意表现是否有记忆点？

⑤可以完美地执行吗？

⑥创意表现是否与他人的创意雷同？

表现突出的广告创意如图 4-34 所示。

3. 广告创意的提案阶段

广告创意表现完成之后，下一步就要将创意提交客户审定，这个过程又叫提案，也是最关键的阶段。广告创意构思和表现需要获得客户的认可才能产生商业价值。广告创意的提案要组织专门的创意提案会，并邀请客户到场听提案，创意提案的讲解要指定专门的汇报人。提案讲解结束后还要及时记录客户对提案的修改、完善意见。

4．广告创意执行的方式

（1）证明式。

证明式广告创意即让产品相关领域的权威人士或专家证明、代言的形式，如图4-35所示。

（2）问题解决式。

问题解决式广告创意即展示产品能够很好地解决消费者某一方面问题的形式。

（3）示范式。

示范式广告创意即通过演示和现场示范，展现产品的性能的形式。

（4）奇幻式。

奇幻式广告创意即通过影视特效制作出具有奇幻风格的产品效果的形式，如图4-36所示。

图4-34　表现突出的广告创意

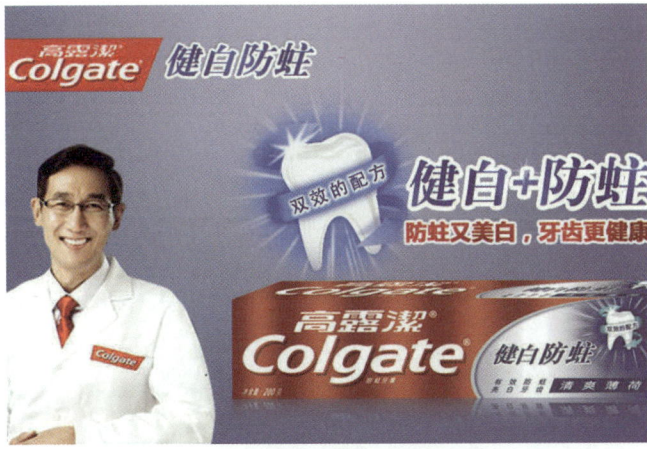

图4-35　证明式广告创意

图4-36　奇幻式广告创意

三、学习任务小结

广告创意执行就是把创意从想法变成现实的过程。包括把广告的脚本拍摄成电视广告（拍摄、3D 处理、后期制作），把平面广告创意做成最终的稿子（平面拍摄、修图、完稿），把网络活动网站搭建好并开展活动等。这些需要去做的工作就是执行。课后，大家要深入研究广告创意的执行方式和手段，收集相关素材。

四、课后作业

设计一个学校毕业展活动宣传海报，通过微信平台进行宣传。

广告策划与创意

项目五
不同广告媒体的设计创意技能实训

学习任务 一

平面印刷类广告媒体的设计创意

教学目标

（1）专业能力：知晓平面印刷类广告媒体的种类及特点，结合不同的广告发布形式，进行平面印刷类广告创意表现。

（2）社会能力：关注日常生活中所接触到的平面印刷类广告作品，能通过多渠道收集平面印刷类广告设计优秀作品，并能进行分析和思考。

（3）方法能力：信息和资料收集能力，案例分析能力，归纳总结能力。创意元素的分析、提炼及表现能力。

学习目标

（1）知识目标：了解平面印刷类广告的概念，掌握各种平面印刷类广告媒体的特点与设计创意要点。

（2）技能目标：能够从优秀的平面印刷类广告设计作品中，分析总结广告媒体与广告创意之间的关联性，在设计过程中，能为广告主进行媒体策划，提供更全面的广告设计创意服务。

（3）素质目标：具备设计创意思维能力和艺术表现能力；能够清晰地表述作品的艺术内涵，具备一定的语言表达能力；能够根据任务制定学习计划，培养时间观念。

教学建议

1. 教师活动

1）展示和分析前期收集的平面印刷类广告创意作品资料，引导学生收集相关案例，并对案例的相关知识点进行分析，了解何为设计创意，提高学生对设计创意的直观认识。

（2）运用多媒体课件、教学图片、教学视频等多种教学手段，分析并讲解平面印刷类广告的创意表现方法，鼓励学生对所学内容进行总结和概括。

2. 学生活动

（1）根据教师展示的相关平面印刷类广告创意案例分析，分组按要求进行平面印刷类广告案例的收集与整理，讨论分析每个作品的创意表现方法，并制作 PPT 进行汇报讲解，从而提升审美能力、创意能力和表达能力。

（2）突出学以致用的目标，在广告创意表现训练过程中，能够对创意效果进行不断反思和分析。

一、学习问题导入

任何商业广告都要通过各种不同的媒体传播出去。传播媒体按制作方式可分为印刷类、非印刷类和光电类三种形态。我们平时常见的平面广告属于印刷广告，包括报纸、杂志、传单、DM（直邮广告）、招贴画、喷绘等（图5-1）。

图 5-1　常见的平面印刷类广告

二、学习任务讲解

（一）平面印刷类广告的概念

1. 什么是平面印刷类广告

平面印刷类广告是指广告主自行或者委托广告经营者利用报纸、期刊或其他印刷品宣传推销商品或服务项目的广告形式。主要有报纸、杂志、传单、招贴、海报、邮件、小册子、样本、台历、挂历等，其种类繁多，与受众接触广泛。

平面印刷类广告主要由文字和图形两大部分构成。文字包括标题、正文、标语、附文等；图形包括绘画、照片、图案、商标、图样等。平面印刷类广告作为常见的广告形式，为推动现代广告业的发展做出了重大贡献，在新媒体传播渠道日益多元化的今天，它仍然是被普遍使用的广告形式。

2．平面印刷类广告的特点

（1）直观性。

可直接诉诸受众视觉，使受众一目了然，受众通过对平面印刷类广告的阅读了解广告内容。

（2）导视性。

平面印刷类广告可以引导受众的视线，使受众按创意设计者的安排，去逐渐深入了解广告的内容。

（3）色彩优先性。

通过色彩的表现来引导受众视线。一般情况下彩色平面印刷广告比黑白平面印刷广告更容易吸引受众的注意力。

（二）平面印刷类广告的种类及创意要点

1. 报纸广告

报纸是信息传播的重要工具之一，也是历史最悠久的大众广告宣传媒体，它可以迅速、广泛、全面地反映社会各阶层的动态。

（1）报纸广告的特点。

报纸是以刊载新闻、评论、副刊以及广告为主的、面向公众定期并连续发行的印刷出版物。报纸广告覆盖面广，发行量大，读者广泛而稳定，信息传递及时，具有特殊的新闻性，享有权威性和较高的可信度，读者容易接受来自报纸上的广告信息。但报纸的局限性是会随着时效性的消失而失去关注价值，因此在报纸作为广告媒体被选定之后，设计师的任务就是要把广告的内容通过一定的形式表现出来，以在短时效内提高广告的关注度。

（2）报纸广告设计的要点。

随着网络的快速发展，新媒体形式的出现，传统的印刷报纸在表现形式、刊登条件的自由度等方面，都受到了巨大挑战。科技进步的同时，印刷水平也在不断地提高，传统报纸广告的表现形式发生了质的飞跃。激光照排和彩色胶印技术的普及，使印刷工艺不再是制约报纸广告的障碍，为报纸广告提供了充分的创意和表达空间。因此，设计师要充分了解报纸广告的特点，利用视觉艺术、文字排印、版面构成等方面的专业技巧，来达到信息传达的预期目的。报纸广告设计创意应注意以下要点。

① 简洁明了。

报纸信息内容繁多，而报纸广告依附于报纸，传达的信息应简洁明了，让读者一目了然，不能使用一些晦涩的语句或表达意思不明确的图片来降低广告的传播率。有时可以采用对比强烈的色彩来造成强烈反差，利用简短、明了、易读的文案突出内容等方式，抓住读者的注意力。如图 5-2 所示，这是发布在《朝日新闻》上一则名为《哆啦A梦在家》的广告，意在鼓励人们自我隔离，以遏制新型冠状病毒肺炎的传播。报纸上大篇幅的"哆啦蓝"占据了读者的视线，而文案更巧妙地用了哆啦A梦来自22世纪这个特点，向人们悲观的情绪中注入了欢乐与希望。广告中文案翻译是：因为你待在家里，因为你好好洗了手，因为想念着家人，因为一直和朋友互相支持，因为你始终怀着温柔的心思，因为你救了一个生病的人，因为你为我们大家工作，因为你没有放弃未来，所以我很好，未来也是。

②突出时效性。

由于报纸具有很强的新闻时效性，报纸广告创意要利用报纸传播迅速这一特点，强调广告的时效性，使报纸广告信息能在第一时间传递到目标消费者群体中。一些节日、商务活动在创意时更要突出时效性，在最短的时间内引起受众的注意与兴趣图。5-3 所示为双十一购物节报纸广告，该广告中的活动时间突出了广告的时效性。

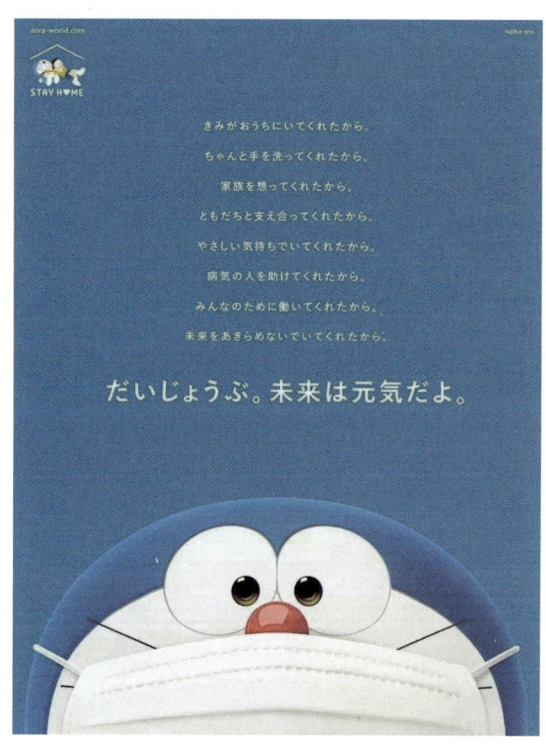

图 5-2　简洁明了的报纸广告　　　　　　　图 5-3　突出时效性的广告

③巧用版面。

报纸广告的版面极富变化性，可以在版面的选用上进行创意编排，可根据广告内容选用不同读者类型的报纸版面。如图 5-4 所示，当朝日电视有限公司宣布新海诚电影《你的名字》即将播出时，他们选择的传播方式是报纸。这则广告利用报纸的正反两个版面，重现了电影中的一个经典场景，身处两个时空中的男女主角，在同一个地方也无法见到对方，但是当你把报纸举起，在阳光的照射下就能看到两个人相遇，完美地契合剧情。

④注重文案。

报纸广告受印刷纸张、印刷技术的影响，印刷清晰度和美感远比不上杂志、画册等其他平面印刷媒体。在设计时要扬长避短，发挥报纸的媒体优势和文案的作用。广告语要有吸引力和诱惑力，标题要醒目，文案的内容要巧妙构思。图片尽量单纯、明度好、可视性强，整个广告版面要简洁、清晰、易识别。图 5-5 所示为制作北海道著名糕点"白色恋人"的石屋制菓在报纸上刊登的广告，宣布将在关西开设第一家直营店，并推出与吉本兴业的合作糕点 "Laugh & Sweets 糖糕"。广告上的口号"恋人和好了"隐喻了石屋制菓与吉本兴业曾因商标侵权起纠纷，但如今已和解并开始合作的现状。

 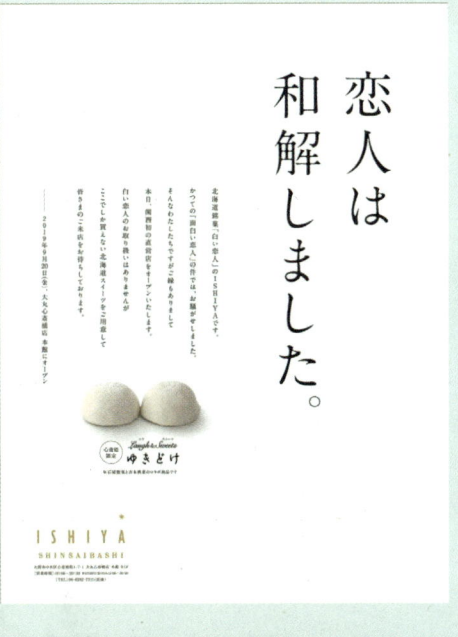

图 5-4　版面编排极具创意的报纸广告　　　　图 5-5　注重文案的报纸广告

2.杂志广告

杂志广告是刊登在杂志上的广告。杂志是定期出版的，经过装订并加封面的刊物，属于印刷媒体，是大众媒体之一。早期的杂志与报纸功能差不多，但随着人们对接收信息的要求不断提高，报纸与杂志的分工越来越细，报纸内容以新闻为主，而杂志内容则是以时效性不强的文章为主。

（1）杂志广告的特点。

杂志广告针对性强，读者对象比较确定，利于将信息准确地传达给特定的对象。杂志保存周期长，传阅率较高，可以重复阅读、体验与保存，有利于广告长时间发挥作用。杂志编辑精细，印刷精美，用纸讲究，杂志广告可以很好地展现想要表达的内容，能够给消费者带来视觉上的审美和心理上的认同。杂志广告的篇幅可多可少，对广告内容的安排，可做多种技巧性变化，如折页、插页、连页、变形等，吸引消费者的注意，激发消费者的阅读兴趣。但是，杂志广告发行量不如报纸，因此广告覆盖面小，而且由于多为月刊，出版周期过长，广告截稿时间早，信息传递及时性差，不能刊载具有时效性的广告，信息传递速度不如报纸、广播、电视等。

因此，在选择杂志作为广告媒体时，要慎重考虑。

（2）杂志广告设计的要点。

杂志广告一般采用较好的铜版纸印刷，色彩鲜艳，清晰度高。设计时比报纸广告要精致，其版面也比较灵活。另外，广告所在单页还可根据创意需求采取特殊材质，以达到最佳的信息传播效果。相较于报纸广告，杂志广告可发挥创意的空间要大得多。杂志广告设计创意应注意以下要点。

① 创意图像。

杂志广告主要是以图像来吸引读者的注意，因此，设计时要考虑如何让广告的图像更加独特。可以将产品的特征或与产品相关的元素以一种独特的方式展示在设计中。如图 5-6 所示，WMF 刀具至今已有一百多年历史，采用最昂贵的不锈钢材料，制作的刀具非常锋利，广告利用杂志跨页面的特点，把食物一分为二，充分体现了产品的特性。如果说要能一刀斩断食材的刀子，那就非这把莫属了。

②利用色彩加强视觉冲击力。

明亮的颜色可以吸引读者的注意力，特别是在大多数篇幅都是白底黑字的杂志页面上，鲜艳明亮的颜色会给读者带来强烈的视觉冲击力（图 5-7、图 5-8）。

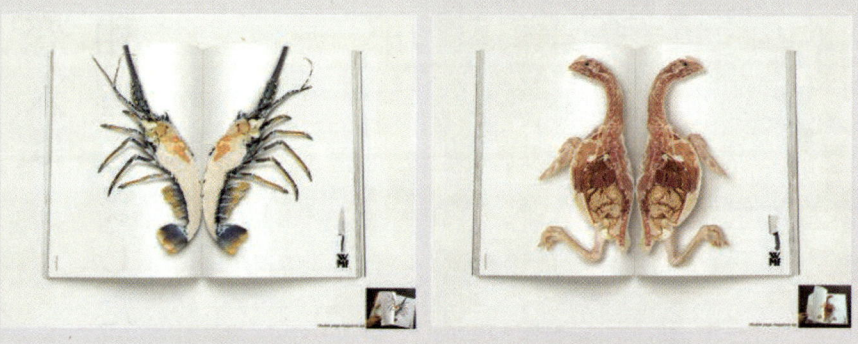

图 5-6　利用创意图像的杂志广告设计

图 5-7　利用色彩加强视觉冲击力的杂志广告 1

图 5-8　利用色彩加强视觉冲击力的杂志广告 2

③页面空间的使用。

当确定投放杂志广告页面篇幅后，广告设计就要确保尽可能地使用所有可用的空间，尤其是跨页广告，整个创意画面要在两个页面展示。但因为杂志中间折叠部分的文字或其他元素可能会被扭曲或遮挡，设计时既要做到两个页面的无缝衔接，也要让读者能够顺畅阅读内容。可以将杂志页面空间的特性与产品的特征有机结合，使广告创意更富有趣味性。图 5-9 所示为 smart 汽车的西班牙杂志广告，设计广告时把汽车藏在杂志折页里，当读者打开的时候，会发现夹在其中的 smart 汽车，完美突出其小巧不占用空间的特点。图 5-10 所示为轻量级家具品牌 NHA Xinh 的杂志广告，以折叠轻便为卖点的家具跃然纸上，通过翻页可以看到桌、椅、柜子等家具的展开状态。

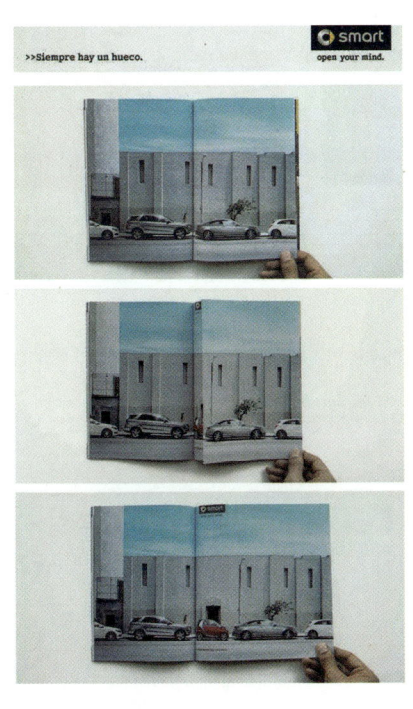

图 5-9　充分利用页面空间的杂志广告 1　　　图 5-10　充分利用页面空间的杂志广告 2

④打破版式一般常规。

通常情况下广告页面的 65% 是图片，其余则是标题、标志、广告文案等，这是杂志广告版式的常规设计。但很多时候，可以打破这些规则，改变每个元素占用空间的大小。可以让广告页面 100% 是图片，相关信息融入图片中，或者纯文案广告不使用图片等，使版式打破常规，从而获得读者更多的关注。

图 5-11 所示是西亚特 Ibiza Cupra 汽车的杂志广告：一切尽在掌握。广告将两页版面合二为一，印刷成方向盘的图案，读者拿起杂志的时候，正好双手握在方向盘上，有种尽在掌握的体验感。图 5-12 所示是一则公益广告，每一张纸都是树木的牺牲品，用翻页来诠释转眼间就能将树木砍掉。图 5-13 所示是《经济学人》杂志广告，文案译文为："我从来不看《经济学人》。管培生，42 岁。"用反向思维来吸引眼球，这段文案的潜台词就是一把年纪了还在做管培生，全因为他不思进取不看《经济学人》。

3. 招贴广告

招贴按其字义解释，"招"是指招引注意，"贴"是张贴，即"为招引注意而进行张贴"。招贴又称海报、宣传画，是指放置在户内或者户外、人流量大的公共场所，用以传递信息的印刷广告。它是户外广告的主要形式，是广告最古老的形式之一。

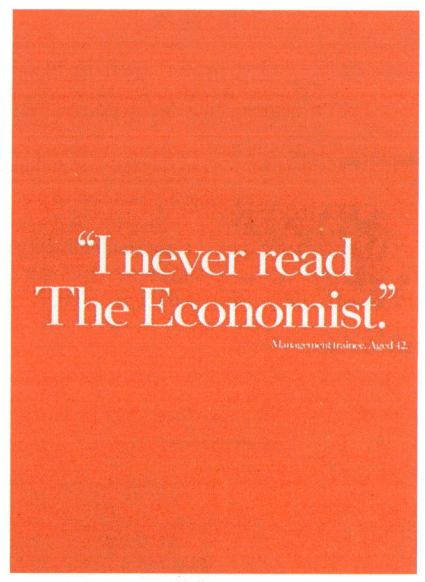

图 5-11　优化版式的杂志广告 1　　　　图 5-12　优化版式的杂志广告 2　　　图 5-13　优化版式的杂志广告 3

招贴广告分为公益招贴广告和商业招贴广告两大类。公益招贴广告以社会公益问题为题材，内容广泛。商业招贴广告则是以宣传企业、打造品牌、促销商品、满足消费者需要等内容为主题。

（1）招贴广告的特点。

招贴广告的版面比较灵活，一般比杂志、报纸广告的版面大，常用尺寸有四开、对开和全开。招贴广告的独立性很强，不用选择如报纸、杂志等的其他媒体，可以直接发布，发布的范围根据广告策划活动来决定，一般粘贴于购物场所、餐馆、交通工具、社区、学校场馆等。

（2）招贴广告设计的要点。

招贴广告张贴在人流量大的公共场所，受众的年龄层次、文化水平、生活习惯各不相同，如何引起更多受众的注意，是招贴广告设计成功的关键。招贴广告设计创意应注意以下要点。

① 强烈的视觉冲击力。

招贴广告大多张贴在公共场所，流动的消费者是主要受众对象，要使他们在瞬间的接触中看到并能记住其传达的内容。招贴广告的图形、色彩、文字等各组成元素，都应本着这一基本要求设计，这样才能使招贴广告获得最佳的视觉传达效果，并给人以强烈的视觉冲击力。图 5-14 为雷朋太阳镜招贴广告，广告以强烈的色彩、夸张的图形创意形成强烈的视觉冲击力。Ray-Ban（雷朋）在"NeverHide"系列招贴中再次对大家说："别隐藏自己！"从而凸显其个性、潮流的卖点。

②目标受众有针对性。

不同的主题会有不同的受众，要处理好招贴广告"对谁说"的问题，就要从消费群体出发，有了针对性的目标受众，招贴设计才能达到目的。图 5-15 所示是针对女性受众所做的商场促销招贴广告。图 5-16 所示是针对艺术爱好者的艺术展览宣传招贴广告。

③创意新颖准确。

新颖的创意具有独创性和感召力，能够吸引目标受众，激发其购买欲望，引导其采取行动，并满足其心理需求（图 5-17）。但广告创意要紧扣主题，不能为了特别而特别，偏离了广告主题的创意，消费者很难对广告产生兴趣。

图 5-14　具有强烈视觉冲击力的招贴广告

图 5-15　商场促销招贴广告

图 5-16　艺术展览宣传招贴广告

图 5-17　创意招贴广告

④内容鲜明。

随着现代社会生活节奏的加快，人们对招贴广告注视时间更为短暂，这就要求招贴广告设计一目了然，简洁明了，使人在瞬间、在一定距离外能看清楚所要宣传的事物，并给受众一个完整、清晰、明确的概念。因此在设计中要尽量把广告内容提炼得简明集中，以增加广告的易读性和记忆度（图5-18和图5-19）。

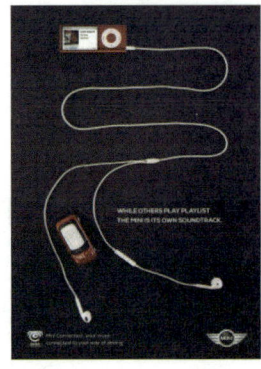

图 5-18　内容鲜明的招贴广告 1

图 5-19　内容鲜明的招贴广告 2

⑤版面构图简洁明快。

招贴广告的版面构图要简洁明快，合理有序。其构图形式要与特定的广告主题要求相吻合，要将构成招贴广告的图形、文字有机结合。以图形为主的招贴广告，其字体在视觉效果上应服从于图形，要安排好文字和图形之间的穿插重叠，既不能影响图形的观看，也不要影响文字的阅读。以字体为主的招贴广告，其字体处于主导地位而画面或商品形象处于从属地位，此时应该注意字体的排列以及图形的安排。图5-20所示是以图形为主的绝味鸭脖招贴广告。图5-21所示是以字体为主的香奈尔香水招贴广告。

⑥色彩鲜明。

构成招贴广告的图形、文字有赖于色彩的表现，色彩是一种先声夺人的传达要素。为使人们在瞬间了解招贴内容，招贴广告可采用较为强烈的色调。多用形象色、习惯色、产品固有色等，可以在心理上拉近产品与受众的距离，使其产生认同感（图5-22和图5-23）。

图 5-20　绝味鸭脖招贴广告　　　　　　　图 5-21　香奈尔香水招贴广告

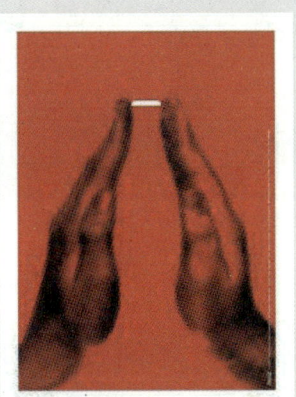
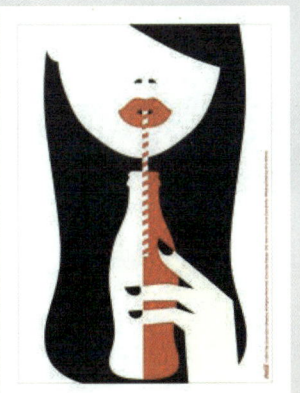

图 5-22　可口可乐招贴广告

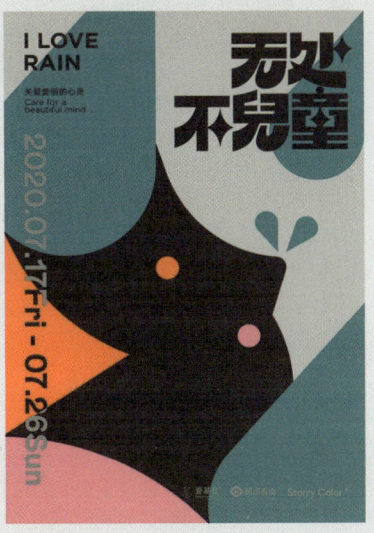

图 5-23　色彩鲜明的招贴广告

4. 直邮广告

直邮广告是指配合各种营销活动，直接或间接传递到消费者手中的印刷宣传品。由于最初是通过邮局直接向目标消费者邮寄，所以被称为直邮广告。随着经济的不断发展，直邮广告的作用越来越重要，形式也越来越多，不同的行业所制作的直邮广告是不相同的，主要分为推销性信函、产品说明书、广告折页、宣传画册、目录、业务报告、年报、卡片等（图5-24～图5-29）。

图 5-24　直邮广告 1　　　　图 5-25　直邮广告 2　　　　图 5-26　直邮广告 3

图 5-27　直邮广告 4　　　　图 5-28　直邮广告 5　　　　图 5-29　直邮广告 6

（1）直邮广告的特点。

针对性强：广告主可以对广告活动进行自我控制，针对目标客户进行广告投放，使宣传一步到位，是目标营销的重要手段。

灵活高效：不受时间和地域限制，可以有针对性地选择广告时间和地区；不受篇幅的限制，形式多样，信息量大；便于收藏和传阅。

经济实惠：有的放矢，准确性高，制作简单，费用便宜，广告主可以通过直邮广告把产品信息直接发送到感兴趣的潜在客户群手中，用最小的花费得到最有效的信息，回报率高。

可测性高：直邮广告可以进行征答活动，能使广告主获得目标受众真实可信的信息反馈，传播效果易于测定。

保密性强：发布形式隐蔽，广告策略不易被竞争对手察觉，能对客户进行一对一营销。

（2）直邮广告的传播方式。

直邮广告的直接营销形式是直接完成销售的一种比较有效的方法。直邮广告媒介主要包含两种：一种是直接销售商品的媒介，包括奖购券、折扣券、打折信息等；另一种是间接销售商品的媒介，包括商品目录、产品样本、纪念品等。其传播方式主要可以分为五类。

①邮寄。

企业或商家通常会将需要邮寄给会员的宣传单邮寄给近期有消费记录的会员。

②夹报。

把广告夹在当地畅销报纸中进行投递，这种方法的好处是可以有选择地根据不同报纸的种类和受众群体来进行夹报传播。

③上门投递。

将员工组织起来，把直邮广告单投送至生活水准较高的社区居民家中。

④街头派发。

在车站、十字路口、市场进行散发，这种方法的优点是可操作性强，缺点是针对性较弱，对广告效果进行评估时不准确。

⑤店内派发。

这种方式的优点是针对性很强，在店内活动前几天由客服组织员工在店内派发。

三、学习任务小结

通过本次课的学习，同学们已经初步了解平面印刷类广告媒体的种类及其设计创意要点。课后，同学们还要勤加学习与实践，不断提升设计创意能力。通过多渠道收集优秀的平面印刷类广告设计作品并进行赏析和思考，作为今后创作的资源。

四、课后作业

（1）每位同学收集 20 幅平面印刷类广告作品（4 个种类，每个 5 幅），并对其采用的广告媒体与创意表现进行分析，以 PPT 形式进行展示与汇报。

（2）根据不同媒体与广告主题受众群体，自选广告媒体、广告主题，设计一幅平面印刷类广告及一张效果图。

网络数字广告媒体的设计创意

教学目标

（1）专业能力：了解网络数字广告媒体及其特点，能结合不同的数字媒体，进行网络数字广告的创意与设计。

（2）社会能力：关注日常生活中所接触到的网络数字广告，能在体验网络数字交互式广告后，分析和思考体验感受。

（3）方法能力：信息和资料收集能力，案例分析能力，归纳总结能力。创意的分析、提炼及表现能力。

学习目标

（1）知识目标：了解网络数字广告的概念，掌握数字媒体的特点与设计创意要点。

（2）技能目标：能够从优秀的网络数字交互式广告案例中，分析总结数字媒体与广告创意之间的关联性。在设计过程中，能根据不同的数字媒体特点，从界面设计、用户操作体验、可用性等方面提出创意策略。

（3）素质目标：具备设计创意思维能力和艺术表现能力；能够清晰地表述作品的艺术内涵，具备一定的语言表达能力；能够根据任务制定学习计划，培养时间观念。

教学建议

1. 教师活动

（1）与学生共同体验网络数字交互式广告，引导学生收集相关案例，并对案例的相关知识点进行分析，了解何为网络数字广告。

（2）运用多媒体课件、教学图片、教学视频等多种教学手段，分析并讲解网络数字广告的创意表现方法，鼓励学生对所学内容进行总结和概括，了解优秀的网络数字广告创意表现带来的宣传效果。

2. 学生活动

（1）与教师共同体验网络数字交互式广告，分组按要求进行网络数字广告案例的收集与整理，讨论分析网络数字广告作品的创意表现方法，并制作成 PPT 进行汇报讲解，从而提升审美能力、创意能力和表达能力。

（2）突出学以致用的目标，能够对创意效果进行不断分析和反思。

一、学习问题导入

　　网络数字广告是随着网络科技的不断发展而形成的一种新的广告形式，与传统印刷广告形式相比，它拥有更多的优势，其特点、设计方式和制作要求与传统印刷广告也大不相同。在本次学习任务中，将对这方面的知识进行介绍。图 5-30 所示是一款科普扇子文化的网络数字应用程序，通过小游戏让人们了解制作扇子的过程，其版面设计精美，程序中的动画和触感让人心动，观看者还能制作属于自己的扇子。

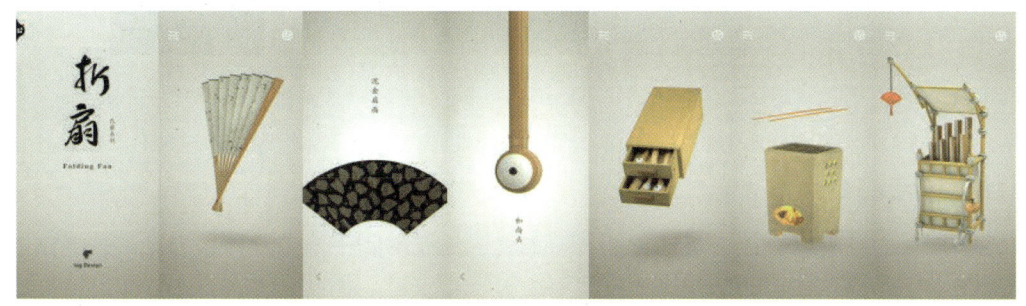

图 5-30　折扇文化科普广告

二、学习任务讲解

（一）网络数字广告的概念

1. 什么是网络数字广告

　　网络数字广告是利用网站上的广告横幅、文本链接、多媒体技术等方法，在互联网刊登或发布，通过网络传递到互联网用户的一种高科技广告运作方式。与报纸、杂志、电视、广播四大传统的传播媒体相比，互联网具有得天独厚的优势，是实施现代营销战略的重要传播媒体。

　　最常见的网络数字媒体形式有电子展示板、网络媒体、移动端媒体、数字电视等（图 5-31、图 5-32）。由于网络技术的发展，数字媒体形式变得越来越丰富，越来越多网络广告利用数字技术，提高广告传播率。建立在数字技术平台上，区别于传统媒体，具有多种传播形式与内容形态，并且可以不断更新的全新媒体介质的广告，都属于网络数字广告。

　　现代社会开启了网络数字化媒体的时代，网络数字化媒体拓展了信息的传播形式，可以将文字、图像、音频，以及视频融合，发挥了各种媒体的长处，形成了真正意义上的多媒体传播。"未来世界"将会是由真实的物理世界与网络数字媒体文化共同构建的社会。

图 5-31　星巴克官方旗舰店主页广告

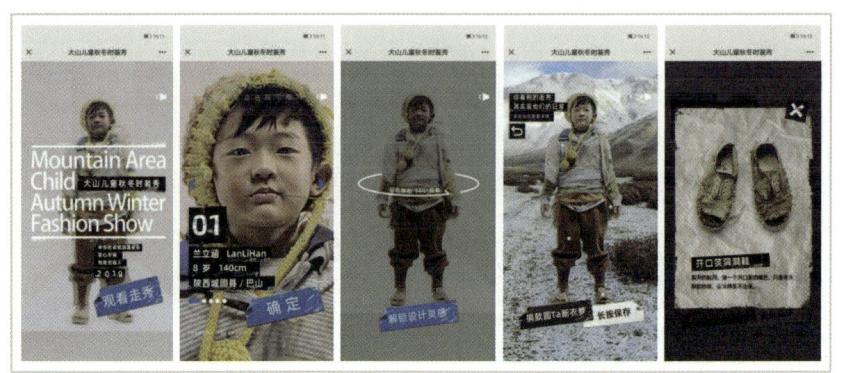

图 5-32　腾讯"大山儿童秋冬时装秀"公益广告

2. 网络数字广告的特点

网络数字广告媒体的核心优势在于互动传播，其形式、特点不同于传统媒体，互动广告的创意已经突破传统媒体与受众的情景式互动，更多地关注如何让受众融入广告本身的情节和环境当中，充分调动视觉、听觉等感官乃至产生思维和情感的共鸣，从而达到更好的传播效果（图 5-33 和图 5-34）。

网络数字广告作为一种新型的广告形式，有着与其他广告形式不同的特点。

（1）广告信息数字化。

网络数字广告采用数字视频、音频、图片、动画、文字等数字信息技术，通过电子设备显示屏播放。这种数字化的广告形式丰富，容量大，表现力强，可以充分吸收电视、报刊等广告的艺术优势，比如电子报纸、电子杂志、网上电视、网上广播等。

（2）时间、空间灵活，时效性强。

网络数字广告通常建立在对用户位置和媒体使用行为的追踪基础上，其传播完全实现了因人而异，在忙碌的都市生活中，不受时空限制，充分利用碎片化时间，这也是网络数字广告相较传统广告最大的优势。21 世纪传播最快速的广告媒体，主要依托于网络传播，可以轻松做到全国乃至全球同步发行、及时到达，且易于更新，可及时反映出最新的产品及成果，时效性强。

（3）交互性强，反馈及时。

在传统媒体中，用户几乎没有自己的选择权，所有的信息内容包括广告在内全部是由内容提供商来决定。这种"单向传播"的广告形式，在新媒体诞生后，已经成为历史。网络数字广告不具备强制性，新技术的运用使得新媒体广告在传播过程中依附于用户的主动性，缩短了与用户沟通的回路，降低了用户的抵抗心理。用户拥有选择权后会更加有意识地主动接受广告信息并进行反馈。广告传播者在第一时间了解用户的需求与反馈，以便正确评价市场需求，调整企业发展方向。

（4）广告对象的广域性、针对性强。

除了互联网，无论哪种媒体都会受到域的限制，如报纸受发行区域限制、广播电视受频道覆盖范围限制。而对于贯通全球的国际互联网，这一限制被真正打破，在任何一个网站上的广告都能被全球每个角落的网民看到，关键在于他是否点击你的站点。针对性强是数字网络媒体的一个显著特点。通过一定的技术手段、传播模式等实现向特定用户的信息传播，针对不同用户的不同需求，定向发送信息。比如根据用户输入的关键词进行相关产品或者品牌推送，将广告包装成为用户所搜寻的信息等。

（5）网络广告与营销可以一体化操作。

运用网络广告的链接功能可以将广告设计成为广告与销售一体化的形式，客户能直接点击感兴趣的广告，进入购买页面，填写订单、签订合同、网上支付，完成消费行为。这是其他广告形式所不能达到的。

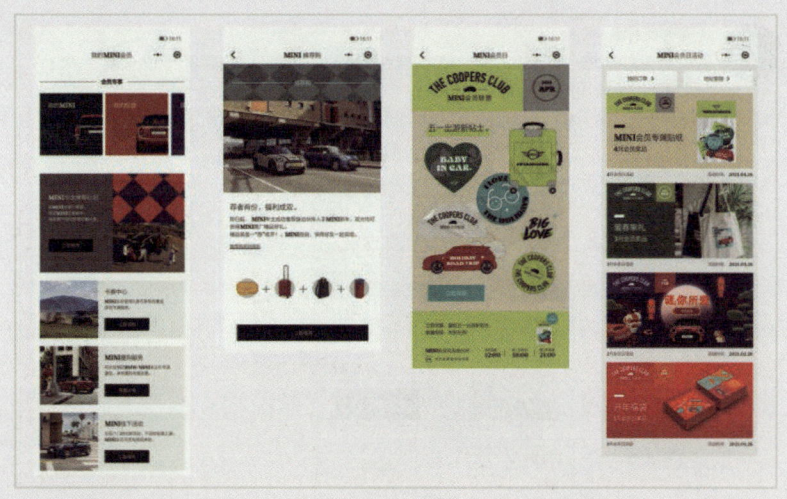

图 5-33　MINI 会员（微信小程序）广告

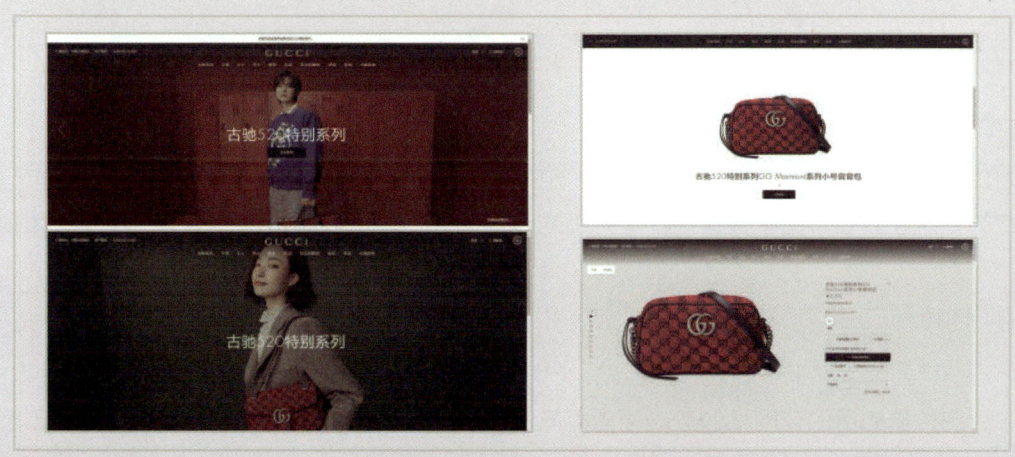

图 5-34　古驰中国官网"520"特别系列广告

（二）网络数字广告媒体的设计创意

　　网络数字广告媒体在随着科技的发展不断扩展和延伸自身内容与表现形式的同时，也促进着视觉传达设计的不断发展。虽然其不断发展并逐步更新人们的认知，但其目的不是要终结另一种表现形式，而是在补充和完善这种表现形式，同时体现时代的发展要求和市场对新兴视觉艺术的需求。

1. 网络数字广告创意的原则

　　作为一种特殊的广告形式，网络数字广告除了要遵循广告创意的一般原则之外，还有另外一些原则是必须遵守的。

　　（1）真实性原则。

　　网络数字广告在创意内容和形式上都不能哗众取宠。相比传统媒体，人们对于网上的信息更多地会保持一种怀疑态度。因此，网络数字广告在创意上更应该坚持真实性原则。网络数字广告中最常见的"标题党"（图5-35），用低俗、失实的标题吸引读者点进去。这一现象不仅是网络广告的一种"套路"，更使得不少网络广告创作者故意去钻网络监管的空子。作为广告人，应该用美好的创意去感染人，而不应用虚假的信息去欺骗人。

图 5-35 "标题"党失实广告

（2）针对性原则。

资深广告人魏特·哈布奈斯说过："伟大的广告一定不只照亮了天空，它还要击中目标。"这里的"击中目标"就是指广告创意的针对性原则。由于数据统计等方面的技术优势，网络数字广告在创意上更应该体现针对性原则（图 5-36）。

（3）亲近性原则。

网络数字广告创意要力求贴近消费者，把坦诚、友好、轻松的态度贯彻到广告中，加强对消费者的感染力，在亲密的氛围中达到广告的目的。网络的互动性使得网络数字广告具有更加强大的亲和力，而在创意上遵循亲近性可以使得网络数字广告事半功倍（图 5-37）。

图 5-36 百度理财"双十一爆款上架了"广告

图 5-37 微信游戏"一份有温度的狗粮"双十一广告

（4）创新性原则。

网络具有信息海量的特点，人们每天接触到的网页多不胜数，所以，网络数字广告应避免跟风创作，而应独辟蹊径、标新立异，这是取得广告效果的关键所在。网络数字广告的创新可以从内容和形式两方面入手，形式夺人眼球，内容抓人内心。与此同时，网络数字广告时效性强，因此，网络数字广告的创新除了能力上的要求，也需要广告人较强的自律性。在进行网络数字广告创意时，不仅要充分了解市场、产品和竞争对手，还必须紧抓消费者不断变化的心理。

2. 网络数字广告的设计与制作

从笔记本电脑时代到智能手机时代，作为市场营销者，我们应该考虑消费者寻找信息或娱乐的方式。美国互动广告局总裁兼首席执行官兰德尔·罗滕伯格在《广告周刊》中曾提道，消费者不再仅仅停留在一个点、一种媒体或一个网页上，而是已经成了"流动的消费者"。这就要求市场开发者、出版商、广告机构或任何想吸引消费者的人要有"流动的创造力"。在数据化时代，当我们构思广告时，要利用多种渠道或设备的功能，给消费者提供丰富的、有益的用户体验，并找到消费者打发时间的方式。

（1）网络广告。

为了让网络广告达到最佳的宣传效果，在网络广告设计时，要根据网络媒体的特点，充分发挥想象力和创造力，提出有利于创造优秀广告作品的构思。好的广告需要用好的形式来表现，随着网络技术的成熟，网络广告可运用的创意形式越来越多。

网络广告的设计与制作主要分为广告板、主页和链接三个部分。

①广告板。

广告板是一个静止或动态的图片，大小可以根据喜好设定。静止的广告板使用 JPG 或 JPEG 格式的图像文件，动态广告板使用 GIF 格式的图像文件。

②主页。

主页和广告板不同，它具备浏览器的部分功能，例如打开、关闭、还原等。其表现方式有两种，一种是以文字信息为主要表现形式，配合少量的图片；另一种则以图为主。在设计主页时要考虑网站的合理性结构，使信息显示更为丰富多彩。

③链接。

在广告板和主页之间还有链接技术的问题，此项工作必须借助所需的 ISP（互联网服务提供商）服务完成。

（2）电脑网站设计。

电脑网站设计涵盖战略、概念和创造性思维、协作、规划、设计、开发、测试、生产和实施。无论是一个促销的微型网站还是一个品牌的平台，它都包含一定内容，即文字和图像的传播。电脑网站设计是视觉形式设计，正如保罗·兰德所说，形式和内容不可区分，二者结合起来才是艺术。虽然保罗·兰德谈论的是印刷品，但他的观点也适用于网页设计，当形式占主导地位，意义就会减弱；当内容占主导地位，趣味就会显得不足；当这两种东西融合时，就完美了。

视觉设计不只是视觉冲击或美学，它应该是形式与功能的结合，以确保能够提供轻松和有价值的用户体验。利用核心平面设计原则和品牌原则，建立品牌网站或数字广告品牌。在数字设计中，需要与交互设计师合作共同创建兼具吸引力与实用性的品牌信息网站。

电脑网站设计要考虑视觉层次设计，按照重要性排列图像和文本。强调内容要按从最重要的到最不重要的顺序排列。从用户第一的角度来看，要确保访问者可以找到核心功能，且让核心功能很明显。设计的重点在于使用基本的设计原则，以确保视觉层次和主次突出。反对暴力声音 (VAV) 网站的设计通过颜色、位置和规模，创造了良好的视觉层次。同时提供一种独特的体验，在用户签署反对暴力申请书时，可以录下"我的声音很重要！"的音频，网站会创建属于用户自己独特的视觉标记（图 5-38）。

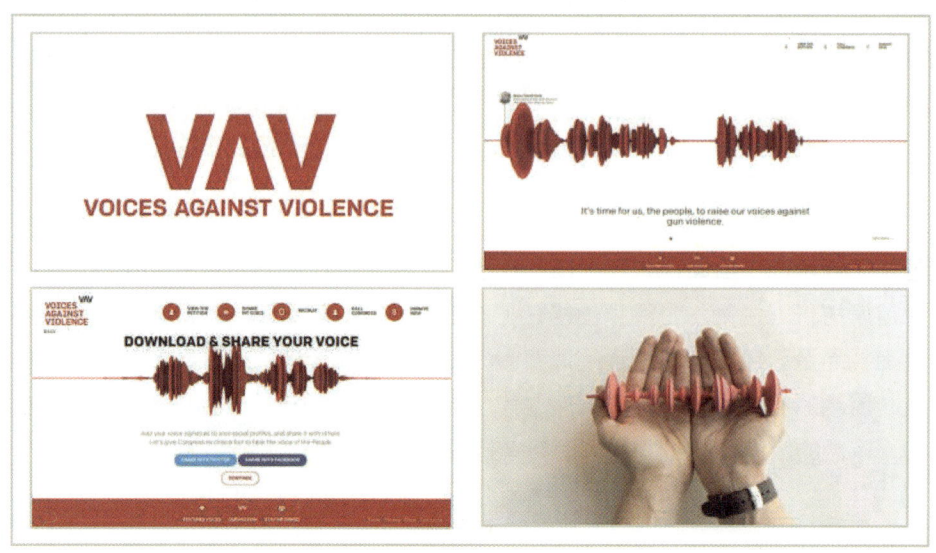

图 5-38　反对暴力声音 (VAV) 网站

电脑网站设计还要兼顾统一原则，统一是指站点的一致性和对应性。创建页面之间的视觉对应是至关重要的，整个网站、页面之间的节奏和衔接过渡都需要统一，这对于给访问者提供位置感是非常重要的。例如在整个网站上主页链接应该在视觉上保持一致（相同的形状，处于每个屏幕上相同的位置）。此外，每个屏幕在相同的位置上应该有一个标题，这样访问者就可以准确定位浏览位置，不会产生"我在哪里"的疑问。有效地统一色调、插图风格、摄影、动画、字体以及其他图像的情况下，可以提高整体一致性（图 5-39）。

有效电脑网站设计的特点如下。

①信息的逻辑层次分明。

②内容容易找到、阅读、打印，下载方便。

③大多数内容应能立即引起访问者的注意，但也允许一些内容被慢慢发现。

④易于浏览，直观。

⑤内容与形式密不可分，形式应能升华内容，而内容则提示形式。

图 5-39　某电脑网站设计

⑥提供交互式、有意义的品牌体验。

⑦尊重用户的时间，提供内容的快速下载渠道。

⑧提供轻松愉悦的品牌体验。

⑨向用户提供反馈，让人知道发生了什么，如提示语音或一些文字。

（3）移动设备网站。

使用智能移动设备获取品牌信息的目的是期望品牌的应用程序和网站提供优质即时的信息。移动设备上的品牌体验可以帮助客户完成寻求信息和指引，定位当地的景点或商业区，观看视频，进行网购等任务，并塑造对品牌的认知和偏好。

移动设备广告的理念体现在应用程序、视频或网站设计中。移动设备网站设计与电脑网站设计不同，要针对一个较小触摸屏的移动设备构思并设计移动网站（图5-40和图5-41）。

图5-40　相同网站在不同设备上的显示　　　图5-41　手机、平板电脑、台式机网站设计的基本线框示例

确保设计一个友好型移动设备网站要注意以下几点。

①避免使用不常用的移动软件设备。

②设计字体不宜花里胡哨，在广告中可读性强意味着传播率高。

③移动设备中，虽然可以随意缩放网站以便用户看清内容，但这个操作会影响用户阅读连贯性，因此在设计内容和字体大小的时候，要考虑使用户不用缩放。

④设计垂直滚动的内容，避免在水平滚动中设计内容。

⑤在交互式广告中，通常会有相关链接供用户手指触摸。为避免手指触摸一个链接时触及附近的链接，在设计时链接之间要隔开一定距离。

⑥设计底部导航，这样只用一只手就可以进行操作。

⑦方便较小的屏幕和（经常）垂直浏览器的使用。

⑧为了使用时能够快速、愉悦和高效，优化显示的内容，使互动更好地体现。移动设备用户主要使用三个手势：滚动、滑动和点击。

⑨优化移动下载速度，不要创建大文件。

确保移动设备用户最佳体验要注意以下几点。

①确保小屏幕的可读性和易读性。

②拍摄垂直视频。

③颜色及其深浅应提高可读性。

④确保图标易于理解，符合用户体验。

⑤根据用户的行为设计顶部或底部导航。

⑥使屏幕标题容易理解和发现。

⑦有效地使用声音和提示动作（确定动作、通知或记忆）。

⑧定位精准，以便阅读和查找。

⑨能够轻松地返回上一级或者主菜单。

⑩每个元素始终保持一种形式和颜色，内容消费不收费。

三、学习任务小结

本次课程对网络数字广告媒体的相关知识进行了介绍，同学们初步了解了网络数字广告媒体的特点和创意表现形式等。课后，同学们要勤加学习，多看书，多实践，多参与交互式体验，感受网站交互式体验的乐趣，汲取经验，同时提升创新思维能力。

四、课后作业

（1）每位同学选择一个交互式网站（或应用程序、小程序等）进行体验，并从界面设计、用户操作体验、可用性等方面分享体验感受，以 PPT 形式进行展示。

（2）了解网络数字媒体，利用 H5 制作平台，制作一个产品推广广告，品牌、产品类型自定。要求能够以交互式广告形式和独特的视觉效果来体现产品特点，促进消费。

户外广告媒体的设计创意

教学目标

（1）专业能力：能认识户外广告媒体的分类及特点，能结合不同的户外广告媒体，进行户外广告设计的形式与创意表现。

（2）社会能力：关注日常生活中所接触的户外广告作品，能收集户外广告设计的优秀案例作品，并能进行分析和思考。

（3）方法能力：信息和资料收集能力、案例分析能力、归纳总结能力。创意元素的分析、提炼及表现能力。

学习目标

（1）知识目标：了解户外广告的概念，掌握各类户外广告媒体的特点与设计创意要点。

（2）技能目标：能够从优秀的户外广告设计案例中，分析总结户外广告媒体与广告创意之间的关联性，并在设计过程中，根据不同媒体的特点，投放的位置、环境、时间等因素，为广告主提供更优质的广告设计服务。

（3）素质目标：具备设计创意思维能力和艺术表现能力；能够清晰地表述作品的艺术内涵，具备一定的语言表达能力；能够根据任务制定学习计划，培养时间观念。

教学建议

1. 教师活动

（1）教师通过向学生展示和分析前期收集的户外广告案例的图片资料，引导学生收集相关案例，并对案例的相关知识点进行分析，了解何为户外广告。

（2）运用多媒体课件、教学图片、教学视频等多种教学手段，分析并讲解户外广告的创意表现方法，鼓励学生对所学内容进行总结和概括，了解优秀的户外广告创意表现带来的宣传效果。

2. 学生活动

（1）根据教师展示的相关户外广告创意案例分析，分组按要求进行户外广告案例的收集与整理，讨论分析每个作品的创意表现方法，并制作 PPT 进行汇报讲解，从而提升审美能力、创意能力和表达能力。

（2）突出学以致用，学生在广告创意表现训练过程中，能够对创意效果进行不断分析和反思。

一、学习问题导入

任何商业广告只有通过各种不同的媒体传播出去，才能让消费者认识。之前我们学习了平面印刷类广告和网络数字广告。除此以外，最常见的还有户外广告。户外广告常见形式包括路牌广告、灯箱广告、车身广告、楼宇广告等（图5-42）。今天我们就一起来学习户外广告的分类及设计创意要点。

图5-42　常见的户外广告形式

二、学习任务讲解

（一）户外广告的概念

1. 什么是户外广告

户外广告是在建筑物外墙、街道、广场等户外公共场所，以灯箱、霓虹灯、广告牌、电子显示装置为载体形式，对人的视觉产生持续刺激作用的广告。户外广告可以在固定的地点长时间地展示企业的形象及品牌，对于提高企业和品牌的知名度十分有效。

不同的户外媒体有不同的表现风格和特点，应该创造性地加以利用，整合各种户外媒体的优势。富有创意、设计精美、管理严格的户外广告往往代表了一个地方的文化水准，成为现代建筑物的一部分，在美化市容、协调环境方面扮演着重要的角色。

2. 户外广告的特点

户外广告有其特有的优势和与众不同的独特性，主要有以下特点。

（1）触达率高。

户外广告可以根据不同地区的特点选择广告形式，如在商业街、广场、公园、交通工具上选择不同的广告表现形式，户外广告也可以根据某地区消费者的共同心理特点、风俗习惯来设置。因此，通过策略性的媒体安排和分布，户外广告能创造出理想的高触达率。

（2）视觉冲击力强。

在公共场所树立巨型广告牌这一古老方式历经几百年的实践，证明其在传递信息、扩大影响方面具有较好的效果。一般情况下，户外广告具有远距离、短时间观看的特性。因此，广告画面一般比较大，具有非常强烈的视觉冲击力，特别是那些安装在大型商场、商务区中心等墙面上的LED大屏等，媒体的视觉冲击力能够直接增强广告的吸引力。

（3）发布时段长。

户外广告传递信息的不间断性是其区别于其他广告类型的一个显著特点和优势。其将广告信息最大限度地长时间暴露于受众面前不消失，能更有效地提升企业和品牌的知名度。著名广告人大卫·勃恩斯坦曾说过："只要有人从广告所设置处经过，户外广告便如一位忠实的服务者一样，时刻担任着为你传播广告信息的任务。你不必担心它会偷懒，它也从不会感到厌倦。"

（4）发布场景多元。

当前消费者碎片化、跳跃式接收信息的行为，决定了品牌需要尽可能地把握消费者的各个生活场景，让品牌信息在不同类型媒体之间交叉传播，形成整合互动。目前，户外广告正在以众多的新场景、新形式，有效地触达消费者多场景的生活时刻，进而实现精准程序化投放。

（5）城市覆盖率高。

户外广告可覆盖整个城市，甚至跨城市投放。只要结合目标人群，正确地选择发布地点并使用正确的户外媒体，就可以在理想的范围接触到多个层面的人群，广告就可以和受众的生活节奏配合得非常好。

3. 户外广告的分类

早期的户外广告招牌多放于道路两侧，向行人、乘客和司机展示招牌内容。现今，城市道路及建筑物的变迁，使得户外广告的形式、位置及表现手法以多种形式呈现。

（1）路牌广告。

路牌广告是指设置在人流量较大的城市街道两旁，或在车站、地铁站、码头、机场以及大型运动会、博览会举办场地四周等公共场所的广告，是户外广告的一种重要形式，是一种标准化的设计（图5-43）。

图5-43　盒马鲜生广告（地铁站）

（2）霓虹灯广告。

霓虹灯广告由不同颜色的霓虹管弯曲成文字或图案，可散发出缤纷的色彩。由于其光亮耀目，色彩鲜艳，闪烁跳动，非常引人注目，因此应用广泛，成为现代大城市建设不可缺少的一项点缀，更是广告宣传方面的良好媒体（图5-44和图5-45）。

图5-44　霓虹灯广告1　　　　　　　**图5-45　霓虹灯广告2**

（3）灯箱广告。

灯箱广告是指将灯光安装在箱体内部，照明箱体表面的广告透明片，以此造成强烈的光彩效果来吸引受众的广告形式。目前新型的柔性灯箱，一改传统灯箱白天效果不明显的缺点，无论白天黑夜均以艳丽的色彩、强烈的质感显示出特有的装饰效果，使其成为目前广泛使用的广告载体（图5-46～图5-48）。

图 5-46　灯箱广告1　　　　　图 5-47　灯箱广告2　　　　　图 5-48　灯箱广告3

（4）楼宇广告。

楼宇广告是指在大型的商业建筑物内外，针对目标受众做的精准投放广告。常见的楼宇广告主要分为楼宇外部广告和楼宇内部广告。楼宇外部广告包括楼宇灯箱广告、LED屏广告、三面翻广告、喷绘大牌广告、墙体广告等；楼宇内部广告有电梯广告、宣传栏广告、灯箱广告、看板广告等（图5-49和图5-50）。

图 5-49　楼宇广告1　　　　　　　　　图 5-50　楼宇广告2

（5）车身广告。

车身广告又称车体广告，是以车辆作为载体的流动型广告。车辆与人们日常生活息息相关，这就使车身成为一种渗透力极强的户外广告媒体。同时，车辆流动性大的特点使车身广告的受众层面更为广泛，广告到达率更高，凭借自身的特点，车身广告成为众多品牌投放广告的形式之一（图5-51～图5-53）。

（二）户外广告的设计创意

1. 户外广告设计要点

户外广告是户外展示媒体，其观众多处在动态之中，广告的效果与周围的环境、视距、角度等有密切关系。

图 5-51　车身广告 1

图 5-52　车身广告 2

图 5-53　车身广告 3

调查显示，就户外广告而言，受众的广告回忆与广告的视觉传达形式、清晰度以及强度密切相关。因此，在进行户外广告设计创意时，要遵循以下设计要点。

（1）独特性。

户外广告的对象是动态中的行人，行人通过可视的广告形象来接收商品信息。所以，设计的第一步要根据环境、视距、角度三个因素来确定广告的位置和大小。常见的户外广告外形一般为矩形，但在设计时可以跳出固有的矩形框框，根据特有环境，使户外广告外形与背景协调，产生视觉美感（图 5-54 ~ 图 5-56）。

图 5-54　独特的户外广告 1

图 5-55　独特的户外广告 2

图 5-56　独特的户外广告 3

（2）简洁性。

户外广告的设计完全不同于报纸、杂志等媒体的广告设计，因为人们在流动状态中不可能有长时间的阅读，若不能在短时间注意到广告就容易被忽略。所以户外广告力求简洁明了，以最少的文字传达最多的内容，使用最具有代表性的图形、最强烈的色彩来刺激广告的目标消费者，引起他们的注意。消费者对广告宣传的注意值与画面上信息量的多少是成反比的。画面越繁杂，注意值越低；画面越简洁，注意值也就越高（图 5-57 和图 5-58）。

（3）刺激性。

刺激就是强烈、醒目。户外广告通过使用强对比来突出这一特点。在图形上，要使用创意独特的图形，以大、奇、小、异来表现；在色彩上，补色关系的对比色最容易刺激受众的视觉，引起注意；在构图上，应和创意、设计相吻合，以简洁、明快、完整为目标。图 5-59 所示为可口可乐户外广告，整个设计以经典红色为背景，中间只有一个可口可乐的标志，见不到瓶身，上方写着"Feel it"（感受它，想象它）。让大家凭借对可口可乐的熟悉感，在脑海中把完整的瓶子想象出来。

（4）合理性。

户外广告版面布局的合理性应以能抓住人们的视线为主要考虑因素，要能引起在一定距离外匆匆而过的受

项目五　不同广告媒体的设计创意技能实训

123

图 5-57　简洁的户外广告 1　　　　　　　　　　图 5-58　简洁的户外广告 2

图 5-59　醒目的可口可乐户外广告

众注意。在进行户外广告设计时，图形、文字、品牌标志之间位置关系的组合，要让受众第一眼就看清楚是什么品牌的产品及其最主要的特点。一般而言，品牌标志及名称要足够大、足够醒目，产品特点的描述要清晰、简练（图 5-60 和图 5-61）。

图 5-60　视觉效果突出的户外广告 1　　　　　　　　　图 5-61　视觉效果突出的户外广告 2

2. 户外广告的创新形式

随着科技的进步，广告传播的媒体及形式也产生了巨大的变化，作为传统广告形式的户外广告并没有随着时代更迭的大浪所退去，其原因就在于户外广告的改革和创新。

（1）表现形式的创新。

最常见的户外广告作品大都是平面的，只是广告语用了更大的字体，品牌标志更加明显突出，或是配上视觉冲击强烈的色彩以及醒目的图片。形式上大都采用矩形的图形设计，缺乏能够结合户外广告媒体特色的表现形式。在创意过程中，可以将广告创意和周围的环境结合起来，通过平面空间的立体化突破以及有限画面的延伸，来实现户外广告创新的表现形式，加强广告主题的表现（图 5-62 ~ 图 5-64）。

图 5-62　形式创新的户外广告 1　　　　图 5-63　形式创新的户外广告 2　　　　图 5-64　形式创新的户外广告 3

（2）表现内容的创新。

　　受广告发布的篇幅、空间、地点的限制，户外广告传达的信息量有限，以至于大多户外广告形式千篇一律，内容枯燥单一。然而，户外广告区别于其他媒体广告的重要因素就是环境，在不同环境下，人们的心境是完全不同的，如较长时间停留的地铁车厢、购物广场和匆匆赶上班经过的地铁站台等，人们对于广告的关注程度有着很大的差别。因此在广告的诉求上应该有的放矢，利用图形、文字、色彩上的变化，制造平面上的亮点。同时还可利用造型上的独特设计引人注目，使户外广告效果如虎添翼（图 5-65 ~ 图 5-67）。

图 5-65　内容创新的户外广告 1　　　　　图 5-66　内容创新的户外广告 2

图 5-67　内容创新的户外广告 3

（3）表现手法的创新。

高新科技的发展给户外广告的表现手法提供了发挥空间，光电艺术的巧妙结合，使户外广告的视觉冲击力发挥得淋漓尽致。在许多大城市，楼宇外墙 LED 和电子广告牌被频繁使用，装点着城市的夜空。在创意时，可以借助昼夜变化、光影变化、灯光变化等各种环境变化因素，用创新的表现手法，使广告"活"起来（图5-68～图5-70）。

（4）媒体运用上的创新。

常见的户外广告媒体有 LED 电子屏、灯箱、路牌、霓虹灯、招贴，以及交通工具和橱窗等，不同的户外媒体有不同的表现风格和特点，近几年各种新兴媒体层出不穷，户外广告成为继互联网广告之外的第二大广告媒体。一个考虑周全的户外广告，会起到美化和装点城市的作用。因此，设计户外广告时，除了要考虑广告创意外，同时也要考虑广告发布的地点、人口密度、空间大小等因素，整合各种媒体的优势，创造性地加以利用（图5-71～图5-74）。

图 5-68　表现手法创新的户外广告 1　图 5-69　表现手法创新的户外广告 2　图 5-70　表现手法创新的户外广告 3

图 5-71　媒体创新的户外广告 1　　　　　　　　图 5-72　媒体创新的户外广告 2

图 5-73 媒体创新的户外广告 3　　　　　　　图 5-74 媒体创新的户外广告 4

三、学习任务小结

本次课程对户外广告设计的相关知识进行了介绍，同学们已经初步了解户外广告的特点、分类、设计要点及创新形式。课后，同学们要勤加学习，培养创新思维，熟练掌握本课程所学知识并运用到社会实践中。

四、课后作业

（1）每位同学收集10幅户外广告作品（10种不同的媒体），并分析广告的媒体、位置、设计、形式对企业（品牌）起到怎样的宣传作用，制作成 PPT 进行展示与汇报。

（2）自定公益主题方向，根据主题选择适合的媒体、地点、形式，完成1幅公益性的户外广告及1幅效果图。

参考文献

[1] 王艺湘 . 广告策划与媒体创意 [M]. 北京：中国轻工业出版社，2011.

[2] 潘君，冯娟 . 广告策划与创意 [M]. 武汉：中国地质大学出版社，2018.

[3] 孙国丰，黎青 . 广告策划与创意 [M].3 版 . 长沙：湖南大学出版社，2018.

[4] 刘刚田，田园 . 广告策划与创意 [M].2 版 . 北京：北京大学出版社，2019.

[5] 刘春雷，广告创意与设计：设计师广告策划手册 [M]. 北京：化学工业出版社，2021.

[6] 黄合水，陈素白 . 广告调研技巧 [M].5 版 . 厦门：厦门大学出版社，2016.

[7] 兰达 . 跨媒介广告创意与设计 [M]. 王树良，译 . 上海：上海人民美术出版社，2019.

[8] 徐阳，刘瑛 . 平面广告设计 [M]. 上海：上海人民美术出版社，2010.

[9] 任莉 . 广告设计与创意表现 [M]. 北京：人民邮电出版社，2017.

[10] 陈天荣，余宁 . 广告设计 [M]. 北京：中国青年出版社，2013.

[11] 肖建兵 . 评定电视媒体品牌认知的指标体系 [J]. 现代广告，2000 (5)：18-19.

[12] 孙晓红 . 商业广告媒体选择和受众人口分析 [J]. 市场与人口分析，1997 (5)：28-31.